Sascha Ralf-Herbert Pracher

Die Auseinandersetzung um die Entmythologisierung zwischen Rudolf Bultmann und Helmut Thielicke

GRIN Verlag

Bibliografische Information der Deutschen Nationalbibliothek:

Die Deutsche Bibliothek verzeichnet diese Publikation in der Deutschen Nationalbibliografie; detaillierte bibliografische Daten sind im Internet über http://dnb.d-nb.de/ abrufbar.

Impressum:

Druck und Bindung: Books on Demand GmbH, Norderstedt Germany
ISBN: 978-3-640-17524-6

Dieses Buch bei GRIN:

http://www.grin.com/de/e-book/114772/die-auseinandersetzung-um-die-entmythologisierung-zwischen-rudolf-bultmann

Seminararbeit

zum Thema

„Die Auseinandersetzung um die Entmythologisierung zwischen Rudolf Bultmann und Helmut Thielicke“

Johannes Gutenberg- Universität Mainz
Fachbereich Evangelische Theologie
Fachgebiet Systematische Theologie

Erstellt von:
Sascha Pracher
7. Fachsemester

SoSe 2001

Gliederung

1. Vorwort

In meiner Arbeit, die sich mit der Problematik um die Entmythologisierung beschäftigt, versuche ich diese theologische Auseinandersetzung in der Verschiedenheit zwischen Rudolf Bultmann und Helmut Thielicke an Hand ihrer Publikationen[1] darzustellen. Hierbei kommt es mir auf das Verständnis des Programms der *Entmythologisierung* bei Bultmann an, sowie einer Darstellung des Thielickeschen Gedankengangs im Blick auf seine Kritik an Bultmann und seinem eigenen Lösungsversuch.

Meine Arbeit setzt sich aus zwei Hauptpunkten, den Darstellungen von Bultmann und Thielicke, sowie einer Stellungnahme zusammen. Die beiden Hauptpunkte gliedern sich in Unterpunkte, da so der Inhalt besser und übersichtlicher dargestellt werden kann. An zwei Stellen habe ich eine grafische Darstellung eingefügt, um das Vorangegangene nochmals zu verdeutlichen.

Auf die Antwort Rudolf Bultmanns an Helmut Thielicke, die im gleichen Band "Kerygma und Mythos I " erschienen ist, werde ich in meiner Arbeit nicht eingehen. Es wäre sicher interessant gewesen, zu vergleichen, wie Bultmann auf Thielickes Aufsatz reagiert, und wie er mit der vorgetragenen Kritik umgeht. Ich bin nicht darauf eingegangen, weil der Schwerpunkt meiner Arbeit auf den jeweiligen Lösungsversuchen und der damit verbundenen Kritik Thielickes an Bultmann liegt.

Meine Ziele in dieser Arbeit lassen sich folgendermassen beschreiben:

- Die Unterschiede zwischen Bultmann und Thielicke zu erkennen und sie klar zu benennen;
- die Aufsätze als solche zu verstehen, sie kritisch zu hinterfragen und damit meinen eigenen Kenntnisstand zu erweitern und
- mich selbst in dieser Auseinandersetzung positionieren zu können.

---

[1] Rudolf Bultmann, "Neues Testament und Mythologie" in : Kerygma und Mythos I, Seite 15-48
Helmut Thielicke, "Die Frage der Entmythologisierung des Neuen Testaments" in: Kerygma und Mythos I, Seite 159-189.

2. Die Darstellung Bultmanns

2.1 Das Weltbild und Heilsgeschehen im Neuen Testament

"Das Weltbild des Neuen Testaments ist ein mythisches" [2] , beginnt Bultmann seinen Aufsatz. Wie dieses Weltbild, die Vorstellung der Welt zu der Zeit des NT's ist, führt Bultmann im folgenden Abschnitt aus. Demnach wird die Welt in drei Ebenen geteilt, die als Himmel, der "Wohnung Gottes und der himmlischen Gestalten, der Engel" [3], Erde und Unterwelt bezeichnet werden. Die Unterwelt "ist die Hölle, der Ort der Qual" [4]. Die Erde nimmt cinc besondere Rolle ein. Auf ihr findet das "natürlich-alltägliche Geschehen" [5] statt, wobei dabei hinzu kommt, dass übernatürliche Kräfte wirken. Diese Kräfte greifen in das natürliche Leben ein; sie werden durch Gott und seine Engel, dem Satan und den Dämonen dargestellt. Alle diese Kräfte greifen in das Leben ein, oder haben zumindest die Möglichkeit in das natürliche Leben einzugreifen. "Dieser Äon steht unter der Macht des Satans" [6] und steht in einer Endzeiterwartung. Eine grosse Katastrophe, als Weltende wird dabei erwartet, ein "Kommen des himmlischen Richters, die Auferstehung der Toten" [7] und "das Gericht zum Heil oder Verderben" [8] gehen mit dieser Erwartung einher. So weit beschreibt Bultmann das Weltbild des NT und bezeichnet dieses als "ein mythisches" [9].

Nun leitet Bultmann zu dem Heilsgeschehen des NT über. Er verweist darauf, dass die Sprache des Heilsgeschehens eine mythologische ist "in mythologischer Sprache redet die Verkündigung" [10] und die Darstellung des Heilsgeschehens der Darstellung des Weltbildes entspricht. "Dem mythischen Weltbild entspricht die Darstellung des Heilsgeschehens" [11].

Dem Eingreifen der Mächte entspricht demnach die Sendung Gottes Sohnes durch Gott. Dieser Sohn stirbt durch den Kreuzestod, der für die Menschen eine besondere Bedeutung hat. "[er] schafft Sühne für die Sünden der Menschen" [12].

Die Auferstehung "ist der Beginn der kosmischen Katastrophe" [13]. Diese Auferstehung, so Bultmann, zerstört den Tod, zeigt, dass die dämonischen Kräfte (wie z. B. Sünde und Tod) ihre Macht verloren haben. Wenn der Tod überwunden ist, dann hat er konsequenterweise

---

[2] R. Bultmann, "Neues Testament und Mythologie", Seite 15, Zeile 1.
[3] R. Bultmann, "Neues Testament und Mythologie", Seite 15, Zeile 3.
[4] R. Bultmann, "Neues Testament und Mythologie", Seite 15, Zeile 4.
[5] R. Bultmann, "Neues Testament und Mythologie", Seite 15, Zeile 5.
[6] R. Bultmann, "Neues Testament und Mythologie", Seite 15, Zeile 15 f.
[7] R. Bultmann, "Neues Testament und Mythologie", Seite 15, Zeile 19.
[8] R. Bultmann, "Neues Testament und Mythologie", Seite 15, Zeile 19f.
[9] R. Bultmann, "Neues Testament und Mythologie", Seite 15, Zeile 1.
[10] R. Bultmann, "Neues Testament und Mythologie", Seite 15, Zeile 22.
[11] R. Bultmann, "Neues Testament und Mythologie", Seite 15, Zeile 21.
[12] R. Bultmann, "Neues Testament und Mythologie", Seite 16, Zeile 1.
[13] R. Bultmann, "Neues Testament und Mythologie", Seite 16, Zeile 1.

keine Macht mehr. Auf die Auferstehung folgt eine Naherwartung des Auferstandenen. Mit der Wiederkunft des Auferstandenen werden Totenauferstehung und Gericht verbunden. Diese beiden Elemente finden sich im mythischen Weltbild auch "Auferstehung der Toten, das Gericht zum Heil" [14].

Nun kommt aber die heilsgeschichtliche Erwartung. Die Gemeinde Christi ist durch die Taufe und das Herrenmahl mit Christus verbunden. Wenn sich die Gemeinde nun würdig verhält, so ist ihr das Heil sicher. Der Glaube hat den Geist, der die Auferstehung garantiert, zu Grunde

Fazit: Das Weltbild, das dem NT zugrunde liegt ist ein mythisches. Das Heilsgeschehen, das im NT dargestellt wird, bedient sich der mythologischen Sprache.

Die Frage, die sich nun stellt ist, ob dem heutigen Menschen das mythische Weltbild zugemutet werden kann.

2.2 Repristinierung des mythischen Weltbildes?

Dass die christliche Verkündigung in mythischer Sprache abgefasst ist, wurde im vorherigen Abschnitt deutlich. Sie befindet sich im Rahmen des mythischen Weltbildes, das für den heutigen Menschen nicht mehr zutreffend ist und damit für den Menschen "unglaubhaft" [15] wird. Offensichtlich wird nun ein Problem: Muss der Mensch das mythische Weltbild, das längst überholt ist, anerkennen, wenn er glauben will? Oder hat "die Verkündigung des NT eine Wahrheit" [16], die nicht an das mythische Weltbild gebunden ist?

Die Frage, ob der Mensch das mythische Weltbild anzuerkennen, zugemutet bekommen kann, beantwortet Bultmann ganz einfach "Das ist sinnlos und unmöglich" [17]. Sinnlos sei das Anerkennen, da das mythische Weltbild nicht spezifisch christlich ist und das Weltbild zu einer vergangenen Zeit gehört, die "noch nicht durch wissenschaftliches Denken geformt ist" [18]. Die Unmöglichkeit des Anerkennens begründet Bultmann damit, dass ein Weltbild nicht durch einen Entschluss übernommen werden kann und ein Weltbild durch eine geschichtliche Situation gegeben ist. Daß ein Weltbild umgestaltet und verändert werden kann stellt Bultmann jedoch nicht in Frage; er erinnert dabei beispielsweise an die kopernikanische

[14] R. Bultmann, "Neues Testament und Mythologie", Seite 15, Zeile 19.
[15] R. Bultmann, "Neues Testament und Mythologie", Seite 16, Zeile 16.
[16] R. Bultmann, "Neues Testament und Mythologie", Seite 16, Zeile 20.
[17] R. Bultmann, "Neues Testament und Mythologie", Seite 16, Zeile25.
[18] R. Bultmann, "Neues Testament und Mythologie", Seite 16, Zeile 27 f.

Entdeckung. Eine Übernahme eines älteren Weltbildes kommt somit für Bultmann nicht in Frage; dass jedoch Wahrheiten eines Weltbildes "wieder neu entdeckt werden" [19] ist möglich.
Fazit 1
Der Mensch kann nicht ein Weltbild für den Glauben bejahen, das er im restlichen Leben verneint. "Ein blindes Akzeptieren der neutestamentlichen Mythologie wäre Willkür" [20].

Fazit: Das neutestamentlich mythische Weltbild kann von dem heutigen Menschen nicht durch Entschluss übernommen und akzeptiert werden.
Das bedeutet aber nicht, daß man keine Wahrheiten entdecken könnte.
Damit steht der Mensch vor einem neuen Problem: Mythologische Vorstellung und Wahrheit!

2.3 Mythologische Vorstellung und Wahrheit

Bis zu diesem Punkt wurde verdeutlicht, dass das neutestamentliche Heilsgeschehen sich der mythischen Sprache bedient und das mythische Weltbild zu Grunde liegt. Dieses Weltbild kann der heutige Mensch jedoch nicht übernehmen. Wie kann der heutige Mensch dann die mythologische Vorstellung bekennen? Zu diesen Vorstellungen gehören Aussagen wie zum Beispiel "niedergefahren zur Hölle" und "aufgefahren in den Himmel". Bultmann kommt hier auf den Begriff "Wahrheit". "Ehrlich bekannt werden können solche Sätze nur, wenn es möglich ist, ihre Wahrheit von der mythologischen Vorstellung ... zu entkleiden – falls es eine solche Wahrheit gibt" [21]. Wenn die mythologischen Vorstellungen nun "entkleidet" werden und eine Wahrheit erscheinen soll, dann wird sofort deutlich, dass Himmel und Höllenfahrt Christi, Geister und Dämonenglaube für den heutigen Menschen "erledigt sind" [22].
→ Krankheiten haben dann nicht mehr die Ursache, dass Dämonen wirken, sondern Krankheiten haben natürliche Ursachen. Das hat erneut zur Folge, dass der heutige Mensch nicht an die Geister und Dämonen glauben kann, aber gleichzeitig "medizinische und klinische Mittel in Anspruch nehmen kann". [23]
Auch hier wird der Widerspruch zwischen Religion und restlichem Leben deutlich. Wer in der Religion an Geister und Dämonen glaubt, sie als Ursache für Krankheiten sieht, der steht

[19] R. Bultmann, "Neues Testament und Mythologie", Seite 17, Zeile 12 f.
[20] R. Bultmann, "Neues Testament und Mythologie", Seite 17, Zeile 18 f.
[21] R. Bultmann, "Neues Testament und Mythologie", Seite 17, Zeile 32 ff.
[22] R. Bultmann, "Neues Testament und Mythologie", Seite 17, Zeile 38.
[23] R. Bultmann, "Neues Testament und Mythologie", Seite 18, Zeile 13.

im restlichen Leben im Gegensatz dazu, da er dort von natürlichen Ursachen der Krankheit ausgeht.

Fazit: Das Selbstverständnis des Menschen hat sich verändert, wie das jedoch genauer aussieht, wird im Folgenden näher zu betrachten sein.

2.4 Das Selbstverständnis des Menschen

Das Selbstverständnis des im NT beschriebenen Menschen wurde schon im Kapitel “Das Weltbild und Heilsgeschehen im NT” angedeutet.
Der Mensch versteht sich als “eigentümlich geteilt” [24]. Auf der einen Seite ist der Mensch, der auf der Erde lebt und wirkt, auf der anderen Seite wirken in ihm fremde Mächte, die “in sein inneres Leben eingreifen könnten” [25]. Das Denken, Wollen und Handeln der Menschen sind damit von äusseren Kräften beeinflussbar. Der Mensch versteht sich selbst als ein von aussen beeinflussbares Wesen, das sich den Kräften oder Mächten nicht entziehen kann.
Davon unterscheidet sich der moderne Mensch entscheidend. Er versteht sich, und das ist der entscheidende Unterschied, “als ein einheitliches Wesen”. [26] Er hat dabei die Möglichkeit sich ganz als Natur oder ganz als Geist zu verstehen. Wichtig und entscheidend ist dabei, dass der moderne Mensch nicht mehr von extremen Mächten beeinflusst werden kann. Er versteht sich als ein Wesen, das sein Leben selber lenkt und organisiert (Autonomie).
Durch dieses neue Verständnis des Menschen ergeben sich natürlich Probleme des Verständnisses des Neuen Testaments für den Menschen, unabhängig davon, ob er sich als Naturalist oder Idealist versteht.

2.4.1 Probleme, die aus dem neuen Selbstverständnis resultieren

Bei beiden, dem Naturalisten und dem Idealisten, treten Verständnisschwierigkeiten auf. Beide Ausprägungen des modernen Menschen verstehen sich als einheitliche Wesen. Nun ergeben sich Schwierig- keiten im Verständnis dessen, “was das Neue Testament vom 'Geist' (πνεῦμα) und von den Sakramenten sagt” [27].
Der Naturalist hat Schwierigkeiten mit dem “dass”. Er kann nicht verstehen, dass eine übernatürliche Kraft (der Geist) in ihn, ein einheitliches Wesen, eindringen und in ihm wirken

---

[24] R. Bultmann, “Neues Testament und Mythologie”, Seite 19, Zeile 3.
[25] R. Bultmann, “Neues Testament und Mythologie”, Seite 19, Zeile 4.
[26] R. Bultmann, “Neues Testament und Mythologie”, Seite 19, Zeile 1.
[27] R. Bultmann, “Neues Testament und Mythologie”, Seite 19, Zeile 16 f.

kann. Ebenso wenig kann er bei den Sakramenten nachvollziehen, dass ihm zum Beispiel in der Taufe etwas mitgeteilt wird, oder ihm im Herrenmahl Kraft vermittelt wird.
"Der rein biologisch sich verstehende Mensch sieht nicht ein, daß überhaupt in das geschlossene Gefüge der natürlichen Kräfte ein übernatürliches Etwas... eindringen ... könne" [28].

Der Idealist hingegen hat Schwierigkeiten mit dem "wie". "Der Idealist versteht nicht, wie ein als Naturkraft wirkendes πνεῦμα seine geistige Haltung berühren und beeinflussen könne" [29].
Diese Unterscheidung zwischen Naturalist und Idealist spielt jedoch für das (theologische) Verstehen keine Rolle, da es sich dabei nur um "spezielle Ausprägungen moderner Weltanschauung" [30] handelt.
Entscheidend bei beiden ist, dass sie das Selbstverständnis haben, wonach sie sich "als geschlossene innere Einheit" [31] verstehen, "die dem Zugriff supranaturaler Mächte nicht offen steht" [32].
Der Tod als Strafe für die Sünde stellt sowohl den Naturalisten als auch den Idealisten vor dasselbe Problem. Sie können den Tod nicht als Strafe für die Sünde verstehen, da er für sie "ein einfacher und naturnotwendiger Vorgang" [33] ist.
Weitere Verstehensprobleme stellen sich für beide bei der "Lehre von der stellvertretenden Genugtuung durch den Tod Christi" [34] und Jesu "Auferstehung".

Fazit: Der moderne Mensch hat massive Probleme beim Verstehen von "Geist", "Tod als Strafe für Sünde", dem "Stellvertretungstod Christi" und der "Auferstehung". Die mythologische Sprache ist für den modernen Menschen ein Problem, da sich das Selbstverständnis und das Weltbild verändert haben.

Welche Aufgabe nun gestellt ist behandelt Bultmann in seinem zweiten Abschnitt des ersten Hauptteils.

---

[28] R. Bultmann, "Neues Testament und Mythologie", Seite 19, Zeile 17 ff.
[29] R. Bultmann, "Neues Testament und Mythologie", Seite 19, Zeile 20 ff.
[30] R. Bultmann, "Neues Testament und Mythologie", Seite 19, Zeile 29.
[31] R. Bultmann, "Neues Testament und Mythologie", Seite 19, Zeile 39.

[32] R. Bultmann, "Neues Testament und Mythologie", Seite 19, Zeile 39.
[33] R. Bultmann, "Neues Testament und Mythologie", Seite 20, Zeile 2 f.
[34] R. Bultmann, "Neues Testament und Mythologie", Seite 20, Zeile 15 f.

2.5 Der Umgang mit dem Mythologischen

Rudolf Bultmann stellt die Frage, ob man mit "Destruktion der neutestamentlichen Mythologie" [35] gleichzeitig auch die Verkündigung des NT beseitigt. Er geht zumindest davon aus, dass man die Verkündigung des NT's nicht durch "Auswahl oder Abstriche" [36] des Mythologischen erhalten kann. Eine ledigliche Reduktion des Mythologischen ist für Bultmann kein gangbarer Weg. Man kann, nach Bultmann, nicht einfach einzelne mythologische Aussagen ausstreichen. Auf eine unterschiedliche Betonung der mythologischen Aussagen kann man jedoch verweisen. "Man kann wohl darauf hinweisen, daß innerhalb des NT's nicht alle mythologischen Aussagen gleich betont sind" [37]. Das mythische Weltbild kann man jedoch "nur als ganzes annehmen oder verwerfen" [38].
Der Prediger hat die Pflicht dem Hörer zu sagen, was der Prediger eliminiert. Er muss sich, wenn er so verfährt dessen bewusst sein, was er tut. Für Bultmann ist die Eliminierung ein unvorstellbares Verfahren, da damit die Gültigkeit der Verkündigung nicht beibehalten wird. Er fordert eine Entmythologisierung der Verkündigung. "So gibt es gar keinen anderen Weg, als sie zu entmythologisieren" [39]. Eine Entmythologisierung ist dabei für Bultmann nicht der Weg um die Verkündigung "gegenwartsfähig" [40] zu machen. Eine Entmythologisierung zeigt, ob die Verkündigung des NT's wirklich nichts als Mythologie ist, oder ob die Entmythologisierung der Versuch die Verkündigung des NT's in "ihrer eigentlichen Absicht zu verstehen", zur Eliminierung des Mythos führt.
Gefordert wird der Weg der Entmythologisierung durch das Wesen des Mythos und des NT's.

2.5.1 Das Wesen des Mythos

Der Mythos will, so Bultmann, nicht ein objektives Weltbild geben. Der Mythos drückt aus, wie sich der Mensch selbst in seiner Welt versteht. Das hat für die Interpretation natürlich Konsequenzen. " Der Mythos will nicht kosmologisch, sondern anthropologisch – besser: existential interpretiert werden"[41].
Im Mythos wird von Mächten gesprochen, die der Mensch erfährt. Diese Mächte, die der Mensch erfährt, bezieht der Mythos in die bekannte Welt ein. So spricht der Mythos "vom Unweltlichen weltlich, von den Göttern menschlich" [42]. Im Mythos soll ausgedrückt werden,

[35] R. Bultmann, "Neues Testament und Mythologie", Seite 21, Zeile 16.
[36] R. Bultmann, "Neues Testament und Mythologie", Seite 21, Zeile 19.
[37] R. Bultmann, "Neues Testament und Mythologie", Seite 21, Zeile 23.
[38] R. Bultmann, "Neues Testament und Mythologie", Seite 21, Zeile 29 f.
[39] R. Bultmann, "Neues Testament und Mythologie", Seite 22, Zeile 6.
[40] R. Bultmann, "Neues Testament und Mythologie", Seite 22, Zeile 8.
[41] R. Bultmann, "Neues Testament und Mythologie", Seite 22, Zeile 16 f.
[42] R. Bultmann, "Neues Testament und Mythologie", Seite 22, Zeile 25.

dass die bekannte Welt von unheimlichen Mächten beeinflusst wird. "Und in eins damit gibt der Mythos dem Wissen Ausdruck, daß der Mensch nicht Herr seiner selbst ist,
daß er nicht nur innerhalb der bekannten Welt abhängig ist, sondern daß er vor allem von jenen jenseits des Bekannten waltenden Mächten abhängig
ist" [43].

Das Problem des Mythos ist dabei, dass die Mächte des Jenseitigen durch die objektivierenden Aussagen Vorstellungen hervorrufen. Es geht im Mythos aber nicht darum, die Vorstellungen zu betrachten, sondern darum, dass in den objektivierten Aussagen der Mythos ein Existenzverständnis ausgedrückt werden soll. Es handelt sich auch aus diesem Grund um die Wahrheit des Existenzverständnisses, den der Glaube bejaht, nicht um die Vorstellungswelt.

Fazit: Der Mythos selbst fordert eine Entmythologisierung, da der Mythos keine objektiven Vorstellungen wiedergeben will, sondern ein Existenzverständnis ausdrücken will.
Im Mythos wird verdeutlicht, wie der Mensch sich im Spiel mit jenseitigen Kräften versteht.

2.5.2 Das Neue Testament

Nach Bultmann stellt das NT, wie das Wesen des Mythos, die Aufgabe der Entmythologisierung. Er verweist dabei darauf, dass in der neutestamentlichen "Vorstellungswelt einzelne Vorstellungen gedanklich unausgeglichen, ja einander widersprechend nebeneinander stehen" [44]. Den wichtigsten Widerspruch empfindet Bultmann jedoch in dem Verständnis des Menschen. So wird der Mensch "einerseits [....] als kosmisches Wesen verstanden", [45] er wird von Mächten, Dämonen usw. beherrscht und ist nicht Herr über sich selbst; "andererseits als ein selbständiges Ich, das in der Entscheidung sich gewinnen oder verlieren kann" [46]. Dieses Verständnis hat zur Folge, dass der Mensch doch über sich bestimmen kann und er damit Herr über sich selbst ist.

Fazit: Die Widersprüche, die im Neuen Testament zu finden sind fordern dazu auf, dass das NT entmythologisiert wird. Als weiteres Moment ist zu beobachten, dass im NT selbst schon Stellen entmythologisiert sind.

---

[43] R. Bultmann, "Neues Testament und Mythologie", Seite 22, Zeile 30 – Seite 23, Zeile 1.
[44] R. Bultmann, "Neues Testament und Mythologie", Seite 23, Zeile 13 f.
[45] R. Bultmann, "Neues Testament und Mythologie", Seite 23, Zeile 28.
[46] R. Bultmann, "Neues Testament und Mythologie", Seite 23, Zeile 29 f.

Die Forderung der Entmythologisierung ist also durch das Wesen des Mythos und des NT schon selbst gestellt. Versuche der Entmythologisierung gab es bereits.

2.6 Frühere Versuche der Entmythologisierung

Bultmann geht auf frühere Versuche der Entmythologisierung ein. Ein wichtiger, wenn nicht sogar der entscheidenste Kritikpunkt Bultmann ist, dass mit der Mythologie gleichzeitig das Kerygma ausgeschieden wurde. Die Ausscheidung des Kerygmas hält Bultmann jedoch nicht für sachgemäss. "daß die Entmythologisierung .... in nicht sachgemäßer Weise vollzogen worden ist; in der Weise nämlich, daß mit der Ausscheidung der Mythologie auch das Kerygma selbst ausgeschieden wurde" [47].

So bezieht Bultmann sich beispielsweise auf die "ältere liberale" Theologie, die das Kerygma auf Grundgedanken reduziert. Das wesentliche sind dabei die religiösen und sittlichen Gedanken. Die mythologischen Vorstellungen werden einfach eliminiert, da sie als "zeitgeschichtlich beschränkte Gedanken" [48] aufgefasst werden.

In der religionsgeschichtlichen Schule wird der Kerygma Charakter genommen. Das geschieht dadurch, dass das entscheidende Handeln Gottes in Christus (das Heilsereignis) nicht verkündigt wird.

Fazit: In den früheren Versuchen der Entmythologisierung wurde mit der Mythologie gleichzeitig das Kerygma entfernt. Das Kerygma wurde entweder auf Grundgedanken reduziert, oder ganz entfernt. Der eigentliche Kerygma- Charakter wurde damit genommen.

Bultmann kommt nun zu der Frage, ob "es eine entmythologisierende Interpretation geben kann, die die Wahrheit des Kerygmas als Kerygma für den nicht mythologisch denken Menschen aufdeckt" [49].

Er kommt dabei zu der Antwort, dass die Aufgabe darin besteht, die Mythologie existenzial zu interpretieren. Diesen Ansatz verfolgt er. Seine entmythologisierende Interpretation ist die existenziale Interpretation des Mythos.

---

[47] R. Bultmann, "Neues Testament und Mythologie", Seite 24, Zeile 2 – Zeile 5.
[48] R. Bultmann, "Neues Testament und Mythologie", Seite 24, Zeile 29.
[49] R. Bultmann, "Neues Testament und Mythologie", Seite 26, Zeile 11 – 13.

2.7 Vollzug der Entmythologisierung

2.7.1 Das menschliche Sein ausserhalb des Glaubens

Bultmann unterscheidet zunächst zwischen "Welt als der Schöpfung Gottes" [50] und der Welt, in der Satan der Herr ist. In der Welt als Schöpfung Gottes ist Gott der Schöpfer der Welt und der Schöpfer "der leiblichen Existenz des Menschen" [51]. Dieser Gott ist der Richter, vor dem der Mensch Verantwortung zu tragen hat. Ihm gegenüber muss dann die Welt des Satans sein. " 'Diese Welt' ist die Welt der Vergänglichkeit und des Todes" [52].

Der Tod wurde durch den Fall Adams in die Welt gebracht, was zur Folge hat, dass die Unvergänglichkeit und der Tod nicht auf die Materie, sondern auf den Fall Adams, konkret die Sünde zugeführt werden. Die Sünde und somit der Tod gehen auf das Fleisch zurück. "daß die Sünde und mit ihr der Tod auf das 'Fleisch' zurückgeht" [53]. Den Begriff "Fleisch" grenzt Bultmann von der Körperlichkeit und Sinnlichkeit ab und füllt ihn mit der "Sphäre des Sichtbaren, des Vorhandenen, Verfügbaren, Meßbaren und als die Sphäre des Sichtbaren auch die des Unvergänglichem" [54].

Wer also aus dem "Fleisch" lebt, das Fleisch zur Grundlage seines Lebens macht, der ist dem Tod verfallen. Der Mensch, der seine Existenz durch das Vergängliche und Sichtbare sichern will, verliert sein Leben, seine Existenz.

Wenn ein Mensch dieser Haltung verfallen ist, dann entstehen in ihm Mächte. Diese Mächte werden als mythische Grössen vorgestellt.

Schematisch lässt sich das in einem Schaubild ausdrücken.

---

[50] R. Bultmann, "Neues Testament und Mythologie", Seite 27, Zeile 25 f.
[51] R. Bultmann, "Neues Testament und Mythologie", Seite 27, Zeile 22 f.
[52] R. Bultmann, "Neues Testament und Mythologie", Seite 27, Zeile 27.
[53] R. Bultmann, "Neues Testament und Mythologie", Seite 28, Zeile 5 f.
[54] R. Bultmann, "Neues Testament und Mythologie", Seite 28, Zeile 7 – 9.

2.7.1.1 Grafik "Der Mensch ausserhalb des Glaubens"

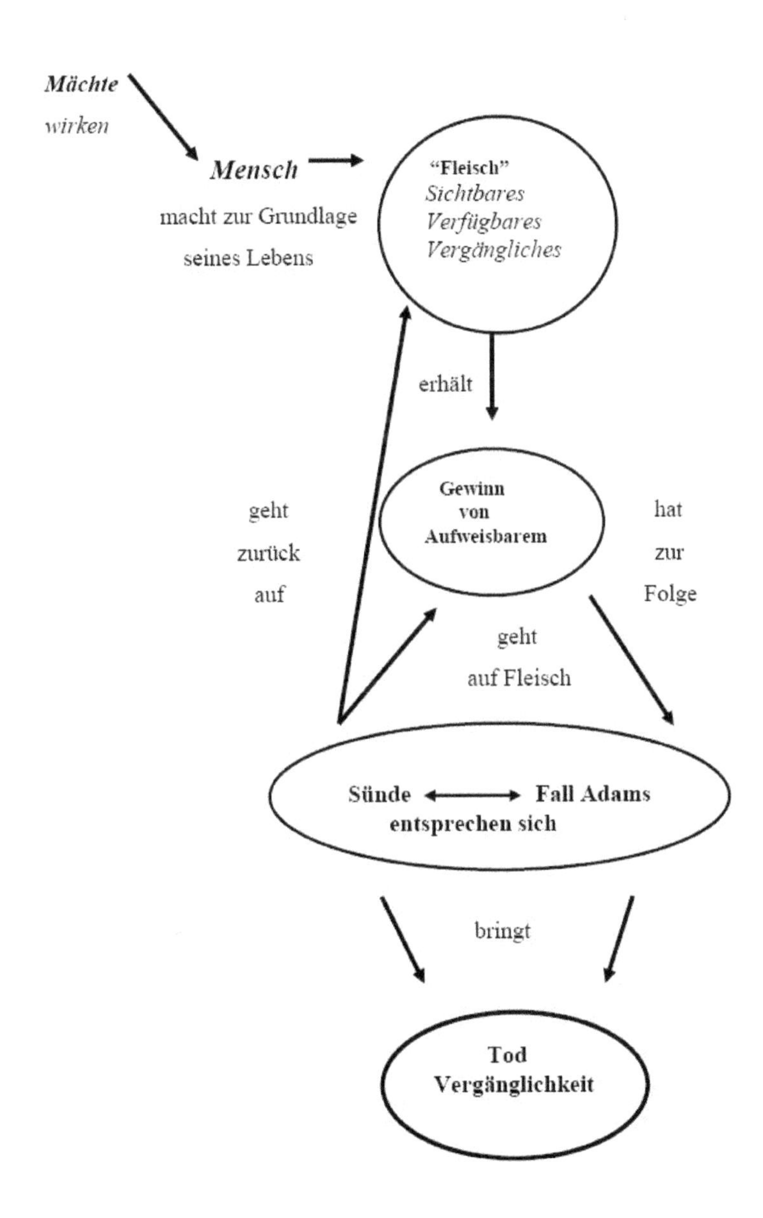

2.7.2 Das menschliche Sein im Glauben

Dem menschlichen Sein ausserhalb des Glaubens steht das Sein im Glauben gegenüber. Lebt der Mensch ausserhalb des Glaubens aus dem Sichtbaren und versucht sich Sicherheit für das Leben zu verschaffen, so lebt im Gegensatz dazu der Mensch im Glauben aus dem "Unsichtbaren, Unverfügbaren". [55] Er gibt die "Sicherheit" auf und lebt aus dem Glauben an die Gnade Gottes. Er vertraut darauf, dass "das Unsichtbare, Unbekannte, Unverfügbare dem Menschen als Liebe begegnet" [56] und der Glaube für ihn Leben und nicht den Tod zur Folge hat.

Wer nicht im Glauben lebt, der verschliesst sich gegen das Unsichtbare; er hat sich dann im Gegensatz zu dem Glaubenden gegen Gottes schenkende Zukunft verschlossen. Der Glaubende hingegen öffnet sich der Gnade, sodass ihm die Sünde vergeben wird.

Dieser Glaube ist zweigeteilt. Er ist sowohl Entschluss, als auch Gehorsam. Entschluss ist der Glaube, da sich der Mensch entschliesst, dass er alleine auf Gott vertraut "der Entschluß, nur auf Gott zu vertrauen" [57]. Hat sich der Mensch zum Glauben entschlossen, so hat impliziert der Glaube gleichzeitig die Forderung des Gehorsams. Der Gehorsam fordert, dass der Mensch auf die Sicherheit, die er versucht selbst zu gewinnen, verzichtet und nicht auf sich selbst vertraut "Wegwendung des Menschen von sich selbst.... Preisgabe aller Sicherheit" [58]. Die Lösung von dem verfügbaren und weltlichen ist auch als "Entweltlichung" [59] zu bezeichnen. Wer auf diese Art und Weise lebt "existiert eschatologisch", ist ein neues Geschöpf, da er von der Angst des sich Sorgens befreit ist. Dieser Mensch sorgt sich nicht mehr um die weltlichen Dinge, um seine Existenz zu sichern. Er ist frei von dieser Sorge. Diese Freiheit stellt den Menschen aber nicht ein für alle Mal frei. Mit der Entscheidung für den Glauben hat der Glaubende keinen endgültigen Zustand erreicht; das heisst, dass der Glaubenden seinen Glauben bewähren muss und frei für den Gehorsam ist.

In diesem Zusammenhang "entmythologisiert" Bultmann den Begriff des Geistes. Er stellt dar, dass der Geist weder als eine Naturkraft wirkt, noch der Geist ein Besitz des Glaubenden wird. Der Geist "ist die faktische Möglichkeit des Lebens, die im Entschluß ergriffen werden muß" [60]. Das bedeutet: Der Mensch, wenn er sich zum Glauben entschliesst, wird zunächst frei, da er sich "entweltlicht" hat. Nun hat er die Möglichkeit des Lebens, die er durch die Freiheit erhält. Diese Freiheit wirkt sich im Miteinander der Menschen in Form von Liebe,

---

[55] R. Bultmann, "Neues Testament und Mythologie", Seite 29, Zeile 3 f.
[56] R. Bultmann, "Neues Testament und Mythologie", Seite 29, Zeile 7 f.
[57] R. Bultmann, "Neues Testament und Mythologie", Seite 29, Zeile 20 f.
[58] R. Bultmann, "Neues Testament und Mythologie", Seite 29, Zeile 17 f.
[59] R. Bultmann, "Neues Testament und Mythologie", Seite 29, Zeile 24.
[60] R. Bultmann, "Neues Testament und Mythologie", Seite 31, Zeile 8 f.

Freude, Frieden usw. aus; das sind gerade die "Früchte des Geistes" (siehe dazu Galater 5, 22 ff.).

Fazit: Der Mensch ausserhalb des Glaubens lebt aus der verfügbaren, sichtbaren und vergänglichen Welt. Er verschliesst sich damit, weil er sein Leben selbst sichern will, der Gnade Gottes, die eine sündenvergebende Gnade ist, begeht Sünden und verliert somit das Leben.

"Der Tod ist der Sünde Sold". Der Mensch im Glauben entschliesst sich dazu, dass er nicht auf weltliches zurückgreift und "nur" auf Gott vertraut. Er öffnet sich der Sündenvergebung Gottes und wird automatisch frei. Er muss nicht für seine Existenz sorgen. Diese Freiheit bietet ihm die Möglichkeit zu einem neuen Leben, in dem er jedoch seinen Glauben bewähren muss, da das Leben im Glauben kein Zustand ist. Dennoch hat er die Möglichkeit für das menschliche Miteinander geöffnet zu sein. Er kann die Früchte des Geistes im "neuen Leben" umsetzen.

2.7.3 Christliches Seinsverständnis ohne Christus?

In dem vorherigen Abschnitt hat Rudolf Bultmann das Seinsverständnis im Glauben dargestellt. Christus kam in diesen Ausführungen nicht vor – weist das darauf hin, dass man Christus nicht braucht, er "unnötig" für den Glauben ist? Nein, nach Bultmann ist das nicht als solcher Hinweis zu verstehen. Er weist darauf hin, dass die Interpretation zwar im Sinne des NT erfolgt ist, aber einen wichtigen Punkt nicht in Betracht gezogen hat, nämlich "dass nach dem NT Glaube zugleich der Glaube an Christus ist" [61]. Das NT geht aber noch einen Schritt weiter. Es "behauptet, daß der Glaube als die Haltung neuen echten Lebens nicht nur erst von einer bestimmten Zeit ab vorhanden ist,.....; sondern es behauptet, daß der Glaube erst von einer bestimmten Zeit ab überhaupt Möglichkeit geworden ist" [62]. Dieser bestimmte Zeitpunkt ist das Christusgeschehen. Erst seit dem Christusgeschehen ist also die Möglichkeit zum Glauben vorhanden. Ob dem wirklich so ist, das will Bultmann überprüfen. Er stellt die Frage, "ob das christliche Seinsverständnis vollziehbar ist ohne Christus" [63]. Dabei steht für ihn im Hintergrund, ob das Christusgeschehen ein mythologischer Rest ist. Wenn dem so wäre, dass das Christusgeschehen ein mythologischer Rest ist, das heisst, dass ein Seinsverständnis entdeckt wurde, dann wäre das Seinsverständnis ohne Christus

---

[61] R. Bultmann, "Neues Testament und Mythologie", Seite 31, Zeile 27 f.
[62] R. Bultmann, "Neues Testament und Mythologie", Seite 31, Zeile 29 – 32.
[63] R. Bultmann, "Neues Testament und Mythologie", Seite 31, Zeile 38 f.

nachvollziehbar. Bei diesem Seinsverständnis würde es sich dann um ein natürliches Seinsverständnis handeln. Um ein solches natürliches Seinsverständnis bemüht sich die Philosophie. In ihr ist keine Mythologie enthalten und sie arbeitet die neutestamentliche Gestalt aus "wie es die Philosophie zur Klarheit erhebt, dabei nicht nur seine mythologische Hülle abstreifend, sondern auch die Gestalt, die es im NT gewonnen hat, berichtigend und konsequenter ausarbeitend" [64].

Die Theologie wäre dann als Vorläufer der Philosophie zu sehen. Bultmann geht in diesem Zusammenhang auf einen Briefwechsel zwischen Wilhelm Dithey und dem Grafen Paul Yorck ein, in dem es darum geht, ob sich das Daseinsverständnis der Philosophie mit dem, was das NT aussagt, deckt.

Entscheidender ist jedoch die Frage "Ist es nun so, daß die Haltung des Menschen, die das NT 'Glaube' nennt, im Grunde die natürliche Haltung des Menschen ist?" [65]. Mit "natürlicher Haltung" ist in diesem Zusammenhang im Sinne von "dem Wesen angemessener Haltung, die freigelegt werden muss, aber keiner Offenbarung bedarf", die Rede.

Bultmann bejaht die Frage insofern, dass der Glaube "die Haltung echter Menschlichkeit" [66] ist. Auch die Liebe ist ein natürliches Verhalten. Das NT besagt, dass wenn sich der Glaubende als neues Geschöpf versteht, Glaube und Liebe eine natürliche Haltung des Lebens sind. Dieser Glaubende wurde mit der neuen Geschöpflichkeit zu der "eigentlich menschlichen Existenz" [67] zurückgeführt. Damit erhebt sich die Frage, ob dem Menschen, wie er ist, seine "Natur" frei zur Verfügung steht, oder anders ausgedrückt: Ist die Rückführung zur eigentlich menschlichen Existenz dadurch erreicht, dass man dem Menschen vor Augen führt, was seine Natur ist? In einem Punkt sind sich Theologie und Philosophie einig: Beide setzen voraus, dass der Mensch "sich verloren oder verirrt hat" [68], das heisst, dass beide Wissenschaften davon ausgehen, dass der Mensch zu seiner natürlichen Haltung zurück geführt werden muss. An diesem Punkt beginnen dann auch gleich zwei unterschiedliche Wege.

Der Weg der Philosophie geht dahin, dass sie davon ausgeht, dass ein Anzeigen der Natur des Menschen genüge, um den Menschen zur Umsetzung der Natur zu führen. "Die Philosophie ist aber überzeugt, daß es nur des Aufweises der 'Natur' des Menschen bedürfe, um auch ihre Verwirklichung herbeizuführen" [69].

---

[64] R. Bultmann, "Neues Testament und Mythologie", Seite 32, Zeile 16 – 18.
[65] R. Bultmann, "Neues Testament und Mythologie", Seite 34, Zeile 26 f.
[66] R. Bultmann, "Neues Testament und Mythologie", Seite 34, Zeile 34.
[67] R. Bultmann, "Neues Testament und Mythologie", Seite 34, Zeile 39.
[68] R. Bultmann, "Neues Testament und Mythologie", Seite 35, Zeile 13.
[69] R. Bultmann, "Neues Testament und Mythologie", Seite 35, Zeile 25 f.
[70] R. Bultmann, "Neues Testament und Mythologie", Seite 35, Zeile 41 – Seite 36, Zeile 1.

Das NT geht einen anderen Weg: Nach dem NT kann sich der Mensch von seinem Verlorensein, Verirren oder auch seiner Verfallenheit nicht selbst frei machen. Der Mensch bedarf einer Tat Gottes und eben diese Tat Gottes wird im NT verkündigt. Diese Tat ist das Heilsgeschehen.

Sieht das NT die Situation des Menschen ohne die Tat Gottes als ausweglos und verzweifelt an, so sieht die Philosophie diese Situation keineswegs als verzweifelt an, da der Mensch sich selbst "befreien" kann. Gemeinsam ist dabei wieder beiden, und an diesem Punkt könnten sich Philosophie und Theologie wieder treffen, dass beide der Ansicht sind, dass "der Mensch immer nur das sein und werden kann, was er schon ist" [70]. Das bedeutet, dass der Mensch zu der natürlichen Haltung nur gelangen kann, weil sie in ihm bereits "angelegt" ist. Das "wie" ist folglich der Unterschied zwischen Theologie und Philosophie; aber es gibt dabei noch einen entscheidenden Unterschied: Waren sich beide, Philosophie und Theologie, eben noch einig, dass der Mensch nur zu dem werden kann, was er schon ist, so trennen sich die Wege erneut, denn die Philosophie spricht alle Menschen an. Die Theologie (das NT) hingegen "spricht so eben nur zu den Glaubenden, die die befreiende Tat Gottes an sich haben vollziehen lassen; nicht zu den Menschen als solchen" [71]. Die Menschen, die ausserhalb des Glaubens sind, haben folglich nach dem NT nicht die Chance das natürliche-eigentliche Sein zu erlangen. Sie sind ausserhalb des Glaubens und damit dem Tod verfallen (vergleiche dazu: Das menschliche Sein im Glauben/ausserhalb des Glaubens 2.7.1 und 2.7.2).

Wie sieht das mit der Verfallenheit des Lebens nun genauer aus? Zunächst aus Sicht der Philosophie:

Die Philosophie sieht die Verfallenheit als eine Verfassung an, der sich der Mensch entziehen kann. Sieht der Mensch, dass er in der Verfassung der Verfallenheit ist, so kann er ihr entgegen wirken. Das "Selbst" des Menschen ist dabei nicht betroffen. "die sich nicht bis auf sein Selbst selber erstreckt" [72]. Das heisst, dass der Mensch um seine Verfallenheit weiss und sich entschließen kann, seiner Verfallenheit entgegenzuwirken. Damit hat der Mensch eine faktische Möglichkeit, sein natürliches Leben, seine "Eigentlichkeit" [73] zu erreichen. Aus der prinzipiellen Möglichkeit (man kann nur das sein und werden, was man schon ist) der Eigentlichkeit wird somit eine faktische.

Dem gegenüber steht erneut das NT, das behauptet, "daß der Mensch selber ganz und gar verfallen ist" [74]. Bultmann dreht den Ansatz der Philosophie um. Er geht davon aus, dass der

---

[71] R. Bultmann, "Neues Testament und Mythologie", Seite 36, Zeile 21 f.
[72] R. Bultmann, "Neues Testament und Mythologie", Seite 36, Zeile 32.
[73] R. Bultmann, "Neues Testament und Mythologie", Seite 37, Zeile 2.
[74] R. Bultmann, "Neues Testament und Mythologie", Seite 36, Zeile 33.

Mensch nur um seinen Verfall wissen kann, “wenn er selbst verfallen ist” [75]; nur dann, wenn er selbst verfallen ist, kann der Mensch wissen, “daß er nicht ist, der er eigentlich sein soll und will” [76]. Dass dieses Wissen um die Eigentlichkeit zur menschlichen Existenz gehört ist für Bultmann ausser Zweifel. Ebenso wenig steht für ihn in Frage, dass der Mensch diese Eigentlichkeit nicht einfach besitzt und über sie verfügen kann. Der Mensch kann eben nicht, wie in der Philosophie beschrieben, die prinzipielle Möglichkeit zu einer faktischen machen. Der Mensch hat die faktische Möglichkeit verloren und hat somit nicht mehr die Möglichkeit, die Eigentlichkeit zu verwirklichen. Zudem ist das Wissen um die Eigentlichkeit verfälscht, da der Mensch glaubt, der Eigentlichkeit mächtig zu sein.

Warum der Mensch die Möglichkeit verloren hat, ist für Bultmann klar. Weil: “in der Verfallenheit jede Bewegung des Menschen eine Bewegung des verfallenen Menschen ist” [77]. Der Mensch weiss um seine Verfallenheit und versucht nun eigenmächtig aus der Verfallenheit zu entkommen. Er lebt dadurch aus dem “Fleisch” und versucht seine Existenz zu sichern. Durch dieses Verhalten kann der Mensch aber sein eigentliches Leben nicht erreichen. Er ist seinen Versuchen des Erlangens seines eigentlichen Lebens und damit seiner Eigenmächtigkeit verfallen. “Diese Eigenmächtigkeit ist die Sünde” [78]. Hier schliesst Bultmann an seine vorherigen Ausführungen (Das menschliche Sein ausserhalb des Glaubens) deutlich an, wo er gesagt hatte, dass die Sünde auf das Fleisch zurück geht (vergleiche Anmerkung 53).

Von dieser Eigenmächtigkeit kann sich der Mensch aber nicht selbst befreien, denn er ist ja als ganzer Mensch der Eigenmächtigkeit verfallen. Sein eigentliches Leben kann er nicht verwirklichen und bedarf einer Befreiung aus seiner Eigenmächtigkeit. An dieser Stelle zeigt der Glaube die befreiende Tat Gottes. Ohne diese Tat wäre die menschliche Situation eine verzweifelte, wie Bultmann schon zuvor gesagt hatte [79].

Der Mensch weiss, dass er das eigentliche Leben, das Leben in Hingabe nicht verwirklichen kann und weiss, dass er einer Befreiung bedarf. Er muss von seiner Eigenmächtigkeit befreit werden, da er selbst dazu nicht fähig ist.

Damit kommt Bultmann zu der Verkündigung des NT’s, dem “Sinn des Christusgeschehens”[80].

---

[75] R. Bultmann, “Neues Testament und Mythologie”, Seite 36, Zeile 38.
[76] R. Bultmann, “Neues Testament und Mythologie”, Seite 36, Zeile 38 f.
[77] R. Bultmann, “Neues Testament und Mythologie”, Seite 37, Zeile 10 f.
[78] R. Bultmann, “Neues Testament und Mythologie”, Seite 38, Zeile 8 f.
[79] R. Bultmann, “Neues Testament und Mythologie”, Seite 35, Zeile 37 f.
[80] R. Bultmann, “Neues Testament und Mythologie”, Seite 39, Zeile 2.

Da der Mensch dazu nicht in der Lage ist sich zu befreien, handelt Gott. Er befreit den Menschen von der Sünde. Der Mensch hat zu der Befreiung nichts beigetragen, seine Werke konnten ihn nicht befreien. Wenn man überhaupt davon sprechen kann, dass der Mensch etwas dazu beigetragen hat, so könnte man sagen, dass der Mensch "geglaubt" hat, denn nur der, der glaubt, dass "Christus für uns zur Sünde gemacht [wurde], damit wir durch ihn als Gerechte vor Gott stehen" [81] erlebt eine Befreiung. Im Glauben vollzieht sich daher ein Wandel. Das Vorangegangene ist vergangen und ist damit "erledigt" [82]. Der Mensch ist nun einer neuer, befreiter Mensch. Dass der Mensch von der Sünde befreit ist/wird, bedeutet jedoch nicht, dass der Mensch mit der ihm geschenkten Freiheit jetzt tun und lassen kann, was er will. Bultmann schreibt: "Denn neben dem Indikativ steht der Imperativ" [83]. Der Imperativ deutet auf die Forderungen, die an den Menschen gestellt werden hin. Die Befreiung, die dem Menschen nun ermöglicht wurde, sein eigenes Leben zu leben, hat zur Folge, dass der Mensch nun in Liebe, Frieden, also den Früchten des Geistes leben kann. Er ist nun ein neuer Mensch, der durch die Tat Gottes die Möglichkeit bekommen hat, eschatologisch zu existieren.

Die Tat Gottes, das Christusgeschehen ist für Bultmann "die Offenbarung der Liebe Gottes, die den Menschen von sich selbst befreit zu sich selbst, in dem sie ihn zu einem neuen Leben der Hingabe im Glauben und in der Liebe befreit" [84].

Fazit: In der Philosophie kann sich der Mensch, durch die Erkenntnis der Verfallenheit selbst befreien und zum eigentlichen Leben gelangen. Das NT und der christliche Glaube basieren auf dem Christusgeschehen. Dieses Geschehen, die Tat Gottes, befreit den Menschen aus seiner Eigenmächtigkeit. Diese Befreiung schafft dem Menschen Freiheit, die ihm ermöglicht, das eigentliche Leben zu führen.

2.7.4 Das Christusgeschehen

Wenn das Christusgeschehen das eigentliche Leben erst möglich macht, dann stellt sich die Frage, ob dieses Geschehen ein mythisches ist.

Im NT wird dieses Geschehen ganz deutlich als ein mythisches Geschehen vorgestellt. Mythische Vorstellungen haben zum Beispiel der präexistente Gottessohn, die Auferstehung und die Himmelfahrt; sie prägen das NT. Dennoch unterscheidet sich das Christusgeschehen

---

[81] R. Bultmann, "Neues Testament und Mythologie", Seite 39, Zeile 8 f.
[82] R. Bultmann, "Neues Testament und Mythologie", Seite 39, Zeile 10.
[83] R. Bultmann, "Neues Testament und Mythologie", Seite 39, Zeile 17.
[84] R. Bultmann, "Neues Testament und Mythologie", Seite 39, Zeile 32 ff.

von anderen Kultmythen. Im Christusgeschehen werden im Gegensatz zu Kultmythen, eine mythische Gestalt und eine historische Person miteinander verbunden. "Historisches und Mythisches sind hier eigentümlich verschlungen" [85]. Dadurch entstehen auch Widersprüche, die Schwierigkeiten bereiten können. Wie ist beispielsweise zu verstehen, dass der historische Jesus der präexistente Gottessohn ist? Deutlich wird an dieser Stelle die Frage nach der Bedeutung der mythischen Rede. Welche Funktion hat die Rede hier? Bultmann geht dabei sogar so weit, dass er fragt, "ob die mythologische Rede nicht einfach den Sinn hat, die Bedeutsamkeit der historischen Gestalt Jesu und seiner Geschichte, nämlich ihre Bedeutung als Heilsgestalt und Heilsgeschehen zum Ausdruck zu
bringen" [86]. Das bedeutet, dass es nicht darum gehen kann, ob Jesus zum Beispiel von einer Jungfrau geboren wurde. Entscheidend ist dann, dass Jesus eine besondere Bedeutung haben muss und durch die Jungfrauengeburt etwas besonderes ausgedrückt werden soll. "Für die Aussagen von der Präexistenz oder von der Jungfrauengeburt dürfte es klar sein, daß ihr Sinn darin besteht, die Bedeutsamkeit der Person Jesu für den Glauben auszusprechen" [87].
Wie das mit dem Kreuz aussieht wird im Folgenden zu klären sein.

2.7.4.1 Das Kreuz

Ist das Kreuz als ein mythisches oder als ein geschichtliches Ereignis zu verstehen?
Versteht man das Ereignis des Kreuzes als ein mythisches Ereignis, so muss man den "objektivierenden Vorstellungen des NT folgen" [88]. Das bedeutet, dass nach dem NT der präexistente, Mensch gewordene Gottessohn am Kreuz gestorben ist. Durch seinen Tod sühnt er die Schuld der Menschen. Der Tod ist die Strafe für die Sünde und gerade diese Strafe, den Tod, übernimmt Jesus für die Menschen. Das hat zur Folge, dass der Mensch von ihr befreit wird. Der Tod Christi wird damit ein Stellvertretertod.
Dieser "mythologischen Interpretation" [89], so nennt Bultmann diese Interpretation, schliesst er sich jedoch nicht an. Er ist der Auffassung, dass diese Interpretation nicht alles ausdrückt, was das NT eigentlich sagen will.
"Faktisch aber soll viel mehr gesagt sein" [90]. Es ist nicht nur ausreichend zu sehen, dass Jesus den stellvertretenden Tod für die Sünde der Menschen gestorben ist, sondern der Tod Christi

---

[85] R. Bultmann, "Neues Testament und Mythologie", Seite 41, Zeile 8.
[86] R. Bultmann, "Neues Testament und Mythologie", Seite 41, Zeile 23 – Zeile 25.
[87] R. Bultmann, "Neues Testament und Mythologie", Seite 41, Zeile 27 – Zeile 29.
[88] R. Bultmann, "Neues Testament und Mythologie", Seite 42, Zeile 3 f.
[89] R. Bultmann, "Neues Testament und Mythologie", Seite 42, Zeile 7 f.

[90] R. Bultmann, "Neues Testament und Mythologie", Seite 42, Zeile 13.

am Kreuz hat noch eine weitere Bedeutung. Christi Tod hat den glaubenden Menschen von der Sünde, die ihn als Macht beherrscht, befreit.

Fazit: Da die mythologische Interpretation der Bedeutung des Kreuzes nicht gerecht wird, kann es sich bei dem Kreuzesgeschehen nicht um ein mythisches Ereignis handeln.

Ist das Kreuzesgeschehen dann als ein geschichtliches Ereignis zu verstehen?
"Das historische Ereignis des Kreuzes wird in kosmische Dimensionen emporgehoben" [91]. Das bedeutet doch zunächst, dass es sich um ein historisches Ereignis handelt. Jesus von Nazareth wurde gekreuzigt. Dieser Tod hat für die Menschen eine besondere, eine geschichtliche Bedeutung; er wird aus diesem Grund in kosmische Dimensionen emporgehoben. Die eigenartige Denkweise der Menschen, so Bultmann, ist dafür verantwortlich, dass "vom Kreuz als einem kosmischen Ereignis geredet wird" [92].
Der Tod Christi hat folglich eine geschichtliche Bedeutung. Er sühnt nicht nur die Sünden der Menschen, sondern ist "Gericht über die 'Welt'" [93], die Mächte, denen der glaubende Mensch verfallen ist und damit gleichzeitig Gericht über den Menschen.
Entscheidend dabei ist, dass in der Schilderung des Kreuzesereignisses deutlich wird, dass das Kreuz eine geschichtliche Bedeutung hat. Das Kreuz gilt hierbei nicht als ein historisches Ereignis, das in der Vergangenheit stattgefunden hat, sondern es gilt als ein eschatologisches Ereignis, das für den Menschen Bedeutung hat und Gegenwart ist.

Fazit: Auch in der mythologischen Rede vom Kreuz soll die Bedeutung des historischen Ereignisses ausgedrückt werden.

Wenn das historische Ereignis eine geschichtliche Bedeutung hat, dann stellt sich nun die Frage, wie es für den heutigen Menschen noch eine Bedeutung haben kann. Der heutige Mensch hat doch keinen Bezug zu dem historischen Geschehen. Bultmann verweist bei diesem Gedanken auf die Einheit von Kreuz und Auferstehung. "Kreuz und Auferstehung gehören zu einer Einheit zusammen" [94].

---

[91] R. Bultmann, "Neues Testament und Mythologie", Seite 42, Zeile 21.
[92] R. Bultmann, "Neues Testament und Mythologie", Seite 42, Zeile 22.
[93] R. Bultmann, "Neues Testament und Mythologie", Seite 42, Zeile 26.
[94] R. Bultmann, "Neues Testament und Mythologie", Seite 44, Zeile 7 f.

2.7.4.2 Auferstehung

Bultmann sieht in Kreuz und Auferstehung eine Einheit; dabei ist die Auferstehung kein beglaubigendes Mirakel, das heisst, dass die Auferstehung nicht dazu da ist, dass der Mensch an Christus glauben kann. Bultmann ist viel mehr der Auffassung, dass die "Auferstehung selbst Gegenstand des Glaubens" [95] ist. Sie ist für Bultmann eine eschatologische Tatsache, "durch die Christus den Tod zunichte gemacht und Leben und Unvergänglichkeit ans Licht gebracht hat" [96]. Die Teilhabe an Kreuz und Auferstehung erweist sich im konkreten Lebensvollzug.

Fazit: Die Auferstehung ist kein mythisches, sondern ein eschatologisches Ereignis und Gegenstand des Glaubens. Der Auferstehungsglaube ist der Glaube an das Kreuz als das Heilsereignis.

An das Kreuz als Heilsereignis können wir glauben, weil es uns als solches verkündigt wird. Der Glaube an dieses Wort "ist in Wahrheit der Osterglaube" [97]. Die Frage nach der Legitimation ist bei dem Wort der Verkündigung nicht zu stellen, da es als Wort Gottes begegnet. Im Gegenteil: Das Wort fragt uns, ob wir glauben wollen oder nicht glauben wollen.

Fazit: Die Auferstehung ist kein historisches Ereignis. Historisch ist der Osterglaube der ersten Jünger. Dieser Glaube gehört eschatologischen Heilsgeschehen.

2.7.4.3 Das Wort

Das Wort als Versöhnung ist ein von Gott eingesetztes Wort. Es kommt zum Kreuz hinzu und macht es als Heilsgeschehen deutlich. Im Erklingen des Wortes werden Kreuz und Auferstehung Gegenwart, sodass sich das eschatologische Jetzt ereignet.
Die Predigt spielt für Bultmann eine entscheidende Rolle. In ihr wird Christus verkündigt. In ihr, und nur im gepredigten Wort, begegnet der Auferstandene. Das hat zur Folge, dass der Glaube aus der Predigt kommt. Die Predigt selbst kommt durch das Wort Christi.
Damit wird schon deutlich, dass die Kirche, wie das Wort und der predigende Apostel zum eschatologischen Geschehen gehören.

---

[95] R. Bultmann, "Neues Testament und Mythologie", Seite 45, Zeile 17 f.
[96] R. Bultmann, "Neues Testament und Mythologie", Seite 45, Zeile 27 f.
[97] R. Bultmann, "Neues Testament und Mythologie", Seite 46, Zeile 27.

Fazit: Bei der christlichen Verkündigung handelt es sich nicht um Mythologie. Der jenseitige Gott wurde nicht zum dieseitigen Gott gemacht. Es wird die Gegenwart des jenseitigen Gottes in der Geschichte behauptet. Paradox ist dabei, dass Gottes eschatologisch Gesandter, ein historischer Mensch ist. Das Wort Gottes ist dabei die Verkündigung der Person Jesus von Nazareth in ihrer heilsgeschichtlichen Bedeutsamkeit.

Mit der Problematik der Entmythologisierung beschäftigte sich auch Helmut Thielicke. Er setzt sich jedoch kritisch von Bultmann ab, sodass seine Kritik und sein Lösungsversuch den folgenden Teil der Arbeit darstellen.

3. Helmut Thielicke

Helmut Thielicke beschäftigt sich in seinem Aufsatz "Die Frage der Entmythologisierung des Neuen Testamentes" mit dem Programm der Entmythologisierung von Rudolf Bultmann.
Thielicke stellt in seinem Aufsatz das bultmannsche Programm vor, weist auf die Konsequenzen dessen hin und bietet einen möglichen Lösungsversuch an. Er geht dabei auf ein Gutachten der Hessischen Bekennenden Kirche ein.
Thielicke und Bultmann, so wird man sagen können, haben eine gemeinsame Ausgangsbasis. Sie gehen davon aus, dass zwischen dem heutigen, modernen Menschen und der Botschaft des Neuen Testamentes eine Schicht steht, die unser Verständnis erschwert. Bei dieser Schicht handelt es sich um eine mythische Schicht. "daß zwischen uns und der hintergründigen geschichtlichen Realität jener Botschaft eine mythische Zwischenschicht stehe" [98].

Fazit: Es besteht bei Bultmann und Thielicke dahingehend Konsens, dass eine mythische Schicht, eine Zwischenschicht gibt, in der man in irgendeiner Weise umgehen muss, um die Botschaft (besser) verstehen zu können.

3.1 Umgang mit der Zwischenschicht

Wie geht man mit dieser Schicht um? Thielicke und Bultmann stimmen in der prinzipiellen Antwort überein. Beide haben das Anliegen einer Trennung; sie wollen zwischen mythologischer Schale und Offenbarungsgehalt trennen.
"Wenn wir im Folgenden nun das Gespräch mit Bultmann aufnehmen, sei von vornherein betont, daß dieses Gespräch nicht etwa um die Frage kreist, ob man überhaupt im NT diese Scheidung zwischen mythologischer 'Schale' und Offenbarungs 'Gehalt' zu vollziehen hätte – das ist zu selbstverständlich" [99]. Thielicke geht es nicht um den Vollzug, den Bultmann wählt "sondern wie diese Grenzlinie zu verlaufen habe" [100].
Er, Thielicke, wirft dabei Bultmann vor, dass er zwar den richtigen Ansatz hat, nämlich die Scheidung von mythologischer Schale und Offenbarungs-Gehalt, aber er ins einer Entmythologisierung zwei gravierende Konsequenzen hat [101]. Erstens wird bei Bultmann die

[98] H. Thielicke, "Die Frage der Entmythologisierung", Seite 161, Zeile 42 f.
[99] H. Thielicke, "Die Frage der Entmythologisierung", Seite 161, Zeile 25 ff.
[100] H. Thielicke, "Die Frage der Entmythologisierung", Seite 161, Zeile 28 ff.
[101] Den Vorwurf unterbreitet Thielicke ganz beiläufig und indirekt, indem er schreibt, dass er die "letzte Konsequenz seiner (Bultmanns) Entmythologisierung" entwickelt.

Heils-Geschichte eliminiert und zweitens wird die Theologie zur Philosophie. Diesen beiden Konsequenzen wendet sich Thielicke zunächst zu, indem er Bultmanns Gedankengang folgt.
In seinem Aufsatz sieht das so aus, dass Thielicke Bultmanns Arbeitsaufgabe und Grundlage zunächst wiedergibt:

1. das Kerygma ist in einem doppelten Rahmen eingezeichnet
2. Lehren und Berichte des NT besitzen keine Glaubensverbindlichkeit
3. Ein verändertes Weltbild.

Aus diesen drei Punkten ergibt sich, dass Bultmann die mythische Zwischenschicht "aus religions- und zeitgeschichtlichen Gründen der Botschaft selber anhaften" [102] sieht und die Verbindlichkeit für den *heutigen Menschen* nicht mehr gegeben ist.
Bultmanns Streben ist also für Thielicke "dass er die Zeitbedingtheit durchstößt und den verbindlichen, bleibenden und einmaligen Gehalt der mythologischen Form zu erfassen sucht [103].
Bultmann versucht mit seinem Programm einen *Inhalt* der Botschaft zu erlangen, den der moderne Mensch verstehen kann und der dann zugleich Glaubensverbindlichkeit hat.
Da Bultmann die Geschichtlichkeit und damit den Kerygma Charakter retten möchte, schliesst er die Möglichkeiten der Subtraktion und der Sublimierung ins Zeitlose aus.
Diesem Ausschluss der Möglichkeiten schliesst sich Thielicke scheinbar an, wenn er sagt: "Wir stellen also mit Bultmann fest: Weder das kritische Subtraktionsexempel............, noch die liberale Sublimierung ins Zeitlose sind mögliche Lösungen" [104].
Ob Thielicke sich diesem Gedanken wirklich anschliesst, oder ob er sich nur im Zuge des bultmannschen Gedankenganges anschliesst, wird in dem Lösungsversuch, den Thielicke vorschlägt, noch zu prüfen sein. Bultmann schlägt nun vor, die mythologischen Aussagen zu interpretieren. Er ging von derjenigen Absicht des Mythos aus, dass er ausdrückt, "wie sich der Mensch durch das Medium des Weltbildes hindurch selbst versteht" [105].
Bultmann will also einen existenziellen Bezug aus dem Mythos herausarbeiten. Dass dies keine neue Idee ist erwähnt Thielicke recht nebensächlich "daß dies Bestreben Bultmanns ja keineswegs neu ist" [106].

---

[102] H. Thielicke, "Die Frage der Entmythologisierung", Seite 162, Zeile 2 f.
[103] H. Thielicke, "Die Frage der Entmythologisierung", Seite 163, Zeile 13 f.
[104] H. Thielicke, "Die Frage der Entmythologisierung", Seite 164, Zeile 24 ff.
[105] H. Thielicke, "Die Frage der Entmythologisierung", Seite 164, Zeile 36 f.
[106] H. Thielicke, "Die Frage der Entmythologisierung", Seite 165, Zeile 16 f.

Es geht Bultmann also um das Selbstverständnis, dass sich im Mythos ausspricht. Dieses Selbstverständnis, muss nach Bultmanns Auffassung herausgearbeitet werden. “Die Frage an den NT-Mythos lautet also: Welches Selbstverständnis spricht sich in ihm aus?” [107]
In diesem Zusammenhang weist Thielicke auf den Begriff **Selbstverständnis** und den Gebrauch dessen von Bultmann hin.

3.2 “Selbstverständnis” bei Bultmann

Unter **Selbstverständnis** hat Bultmann einen besonderen Begriff. “Das Wort 'Selbstverständnis' muß zum ersten Mal stutzig machen, besonders wenn man weiss, welche Rolle es im ganzen Bultmannschen Denken spielt” [108].
Verstehen bedeutet danach “als Aussageinhalt eine Wahrheit im Sinne von zeitloser Geltung, und zwar auch dann, wenn diese Wahrheit inhaltlich ein zeitgebundenes geschichtliches Ereignis ist” [109].
Das Wissen darum, dass das Verstehen an die Subjektivität gebunden ist löst Bultmann dadurch in seinem Verstehens-Begriff, dass man als Verstehender dem, was man verstehen will besonders zuordnet. Für die neutestamentliche Botschaft bedeutet das:
Ist die neutestamentliche Botschaft verständlich, dann “liegt zumindest der Ton auf einem zeitlosen Bewußtseinsinhalt” [110] und die neutestamentliche Botschaft hat damit einen “zeitlosen Geltungscharakter” [111].
Wenn die neutestamentliche Botschaft ein Verständnis ist, dann folgt daraus auch für Bultmann, dass es sich bei dem geschichtlichen Offenbarungsereignis nicht um ein “veränderndes factum (Wunder!)” [112] handelt. Das Offenbarungsereignis kann für Bultmann nur so verstanden werden, “daß es das Selbstverständnis zu Stande bringt und entbindet...” [113].
Das bedeutet in der Konsequenz, dass sich Bewusstsein ereignet, das durch das Offenbarungsereignis entbunden wurde.

---

[107] H. Thielicke, “Die Frage der Entmythologisierung”, Seite 165, Zeile 23 f.

[108] H. Thielicke, “Die Frage der Entmythologisierung”, Seite 165, Zeile 26-27.
[109] H. Thielicke, “Die Frage der Entmythologisierung”, Seite 165, Zeile 28 ff.
[110] H. Thielicke, “Die Frage der Entmythologisierung”, Seite 166, Zeile 1 f.
[111] H. Thielicke, “Die Frage der Entmythologisierung”, Seite 166, Zeile 10 f.
[112] H. Thielicke, “Die Frage der Entmythologisierung”, Seite 166, Zeile 14.
[113] H. Thielicke, “Die Frage der Entmythologisierung”, Seite 166, Zeile 16 f.

"Das geschichtlich Berichtete des NT ist –pointiert ausgedrückt- nicht selber Ereignis, sondern nur Prolegomenon eines Ereignisses: nämlich des Ereignisses meines Bewußtseinswandels" [114].

Schematisch oder grafisch lässt sich das vereinfacht folgendermassen ausdrücken:

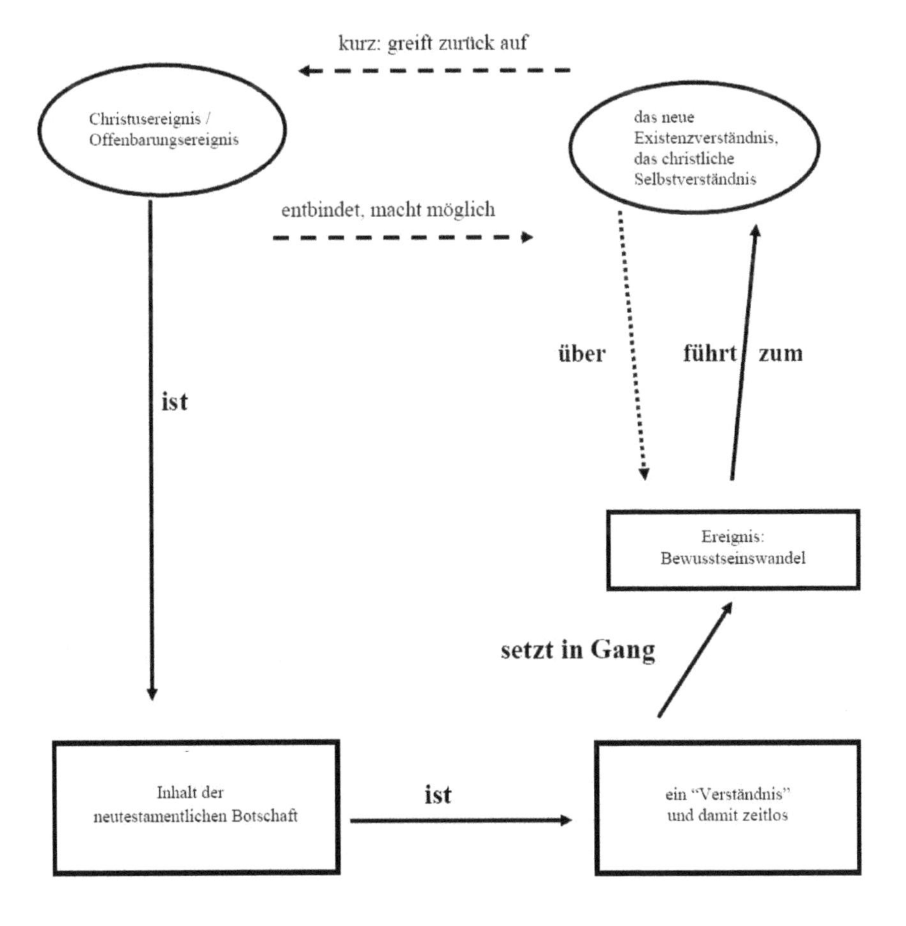

[114] H. Thielicke, "Die Frage der Entmythologisierung", Seite 166, Zeile 23-25.

Bultmann sieht also in dem Bewusstseinswandel, dem Wandel zum christlichen Existenzverständnis ein Ereignis. Das Christusereignis tritt für ihn insofern in den Hintergrund, als es selbst nicht das Ereignis schlechthin ist, sondern nur eine Wirklichkeit hinter dem christlichen Bewusstsein ist. Diese Wirklichkeit ist dabei jedoch das Ereignis, dass das für Bultmann eigentliche Ereignis erst in Gang setzt.

An diesen Gedanken Bultmanns knüpft Thielicke kritisch an, wenn er die Frage diskutiert: "Ist die neutestamentliche Geschichte nur irgendeine hinter dem christlichen Bewußtsein stehende Wirklichkeit,..........,oder ist sie nicht auch ganz abgesehen von unserem Bewußtsein das Ereignis schlechthin?" [115] Thielicke stimmt der Auffassung Bultmanns offensichtlich nicht zu; er sieht in dem Christusereignis das eigentliche Ereignis. Das hat natürlich zur Konsequenz, dass bei Thielicke das Christusereignis auch noch benötigt wird. Die Frage der Notwendigkeit stellt sich also nicht.

Bei Bultmann sieht das jedoch anders aus. Hier stellt sich sehr wohl die Frage, ob das entbindende Ereignis (das Christusereignis), nachdem das neue Selbstverständnis aufgekommen ist, noch benötigt wird. "Führt das sich ereignet habende Selbstverständnis nicht nachträglich zu einer Ablösung von dem entbindenden Ereignis, so daß das Selbstverständnis freischwebend, ungeschichtlich, 'philosophisch' wird?" [116] Die Folge der Loslösung wäre dabei, dass das christliche Selbstverständnis von seinem geschichtlichen Fundament gelöst wird; damit wird das Selbstverständnis jedoch tatsächlich "freischwebend und philosophisch".

Der Philosophiewerdung des christlichen Selbstverständnisses will Bultmann jedoch entgegen wirken. Er versucht die Gemeinsamkeiten und Unterschiede zwischen der Theologie und der Philosophie aufzuzeigen [117]. Thielicke widerspricht Bultmann dabei entschieden, wenn er behauptet: "Die Abgrenzung gegen die 'Philosophiewerdung' des christlichen Selbstverständnisses scheint dann kaum mehr möglich zu sein. Das zeigt sich schon an der Art, wie Bultmann Übereinstimmung und Dissensus zwischen christlichem und philosophischem Selbstverständnis sieht" [118] .

Die Übereinstimmung sieht Bultmann im Wissen um Verlorenheit und Verfallenheit des Menschen [119]. Theologie und Philosophie wissen um die Verfallenheit. In der Theologie wird diese Verfallenheit mit "Sünde" ausgedrückt.

---

[115] H. Thielicke, "Die Frage der Entmythologisierung", Seite 167, Zeile 25-28.
[116] H. Thielicke, "Die Frage der Entmythologisierung", Seite 168, Zeile 2-4.
[117] vergleiche dazu Hausarbeit Seite 16 – 20.
[118] H. Thielicke, "Die Frage der Entmythologisierung", Seite 169, Zeile 13-16.
[119] vergleiche dazu Hausarbeit 2.7.1, Seite 12: "Das menschliche Sein ausserhalb des Glaubens."

“Man sieht: Für Bultmann hat die Sünde, weil sie nur der Inhalt eines Selbstverständnisses der Verlorenheit ist, letztlich keinen Ereignischarakter”[120]. Thielicke sieht in dem Begriff “Sünde” etwas anderes, als nur den Inhalt eines Selbstverständnisses. Ihm geht es bei der Sünde um den Ereignischarakter. “In Wirklichkeit drückt aber doch der Ereignischarakter der biblisch verstandenen 'Sünde' etwas ganz anderes aus als das philosophische Wissen um die Verlorenheit. Sünde bezieht sich biblisch auf den Akt der Absonderung von Gott, vom 'Du'” [121].

Der Unterschied wird sofort deutlich: Bei Bultmann bewegt sich der Sündenbegriff rein im Diesseits und ist ein Begriff, der nur auf das Ich bezogen ist. Thielickes Begriff ist auf das Jenseits (Gott) ausgeweitet, das bedeutet, dass für ihn der Unterschied zwischen Theologie und Philosophie nicht nur im Weg aus der Verlorenheit des Menschen besteht, wie das bei Bultmann der Fall war. “In der Philosophie besteht die Entbindung in der sokratischen Mäeutik; im NT dagegen in der Christustat, die mir ein neues und von mir selbst nicht produzierbares Selbstverständnis verleiht” [122].

Fazit: Thielicke grenzt sich deutlich von Bultmann ab, denn sein Verständnis von Sünde, der Verlorenheit des Menschen, ist ein anderes als das Bultmanns; damit müsste nach dem Verständnis Thielickes der Weg aus der Verlorenheit auch ein anderer sein. Als Konsequenz aus dieser Auffassung Bultmanns ergibt sich nach Thielicke die Philosophiewerdung der Theologie.

[120] H. Thielicke, “Die Frage der Entmythologisierung”, Seite 169, Zeile 28 f.
[121] H. Thielicke, “Die Frage der Entmythologisierung”, Seite 169, Zeile 18-21.
[122] H. Thielicke, “Die Frage der Entmythologisierung”, Seite 170, Zeile 24-27; vgl. dazu Hausarbeit Seite 20: Fazit.

3.3 Die Konsequenzen

3.3.1 Die Philosophiewerdung der Theologie

Bultmann grenzt die Theologie von der Philosophie, wie bereits ausgeführt[123] durch den Weg aus der Verlorenheit ganz deutlich ab. Konnte der Mensch in der Philosophie noch selbst "retten", so vermag er das in der Theologie nicht mehr. Nach neutestamentlichem Verständnis ist die Christustat das Ereignis, das zum eigentlichen Ereignis führt, dem Wandel des Selbstverständnisses. Deutlich erkennbar ist, dass die Christustat diese eine entscheidende Rolle spielt.

Gerade in der Christustat liegt bei Thielicke der nächste Kritikpunkt gegenüber Bultmann. Thielicke fragt, ob die Christustat als Gegenüber von der "sokratischen Immanenz des philosophischen Selbstverständnisses" [124] an gesehen werden kann, oder ob es sich bei der Christustat selbst nicht um Mythologie handle, da diese Tat ein Eingriff in die Wirklichkeit der Menschen ist. Die Folge davon wäre, dass das Christusereignis dann für den modernen Menschen nicht mehr zu verstehen ist und gerade nicht als ein Gegenüber angesehen werden kann.

Nach den Überlegungen Bultmanns muss doch eigentlich das Christusereignis ein mythisches Geschehen sein, "denn unsere Wirklichkeit ist doch für ihn ein absolut geschlossenes, kausalbedingtes Gefüge, so daß jeder Einbruch in sie .... als Attribut eines mythischen Weltbildes gelten muß...." [125]. Für Thielicke stellt dieser Gedanke den Grund dar, warum Bultmann "immer wieder vom geschichtlich-historischen Offenbarungs-Ereignis auf das Selbstverständnis zurückgeht" [126].

Thielicke begründet es damit, dass das Selbstbewusstsein die einzige Zone ist, die sich "jener kausalbedingten Geschlossenheit der Immanenz" [127] entzieht. Das Selbstbewusstsein ist damit als religiöses Terrain zu bezeichnen.

Da Bultmann aber nicht in eine reine Bewusstseinsphilosophie geraten, sondern die Geschichtlichkeit des Kerygmas erhalten will, führt er die Auferstehung an. Sie soll als objektiv geschichtliche Fundierung des christlichen Selbstverständnisses dienen.

"Er versucht in seiner Antwort die objektiv geschichtliche Fundierung des christlichen Selbstverständnisses zu retten, z.B. an Hand des Auferstehungsfaktums..."[128].

---

[123] Seite 35 ff., bei Bultmann.
[124] H. Thielicke, "Die Frage der Entmythologisierung", Seite 170, Zeile 31 f.
[125] H. Thielicke, "Die Frage der Entmythologisierung", Seite 170, Zeile 35-37.
[126] H. Thielicke, "Die Frage der Entmythologisierung", Seite 170, Zeile 40 f.
[127] H. Thielicke, "Die Frage der Entmythologisierung", Seite 170, Zeile 42 f.
[128] H. Thielicke, "Die Frage der Entmythologisierung", Seite 171, Zeile 6 f.

Das heisst: Bultmann hält die Auferstehung nicht für ein historisches Ereignis. Das hat zur Folge, dass die Auferstehung nicht ein Faktum ist, auf das hin wir glauben können. Der Glaube der Jünger an die Auferstehung ist jedoch historisch fassbar. Sie sind Christus begegnet und in ihnen ist durch die Begegnung der Auferstehungsglaube entstanden. Das wiederum bedeutet, dass das Bild der Auferstehung das Ergebnis der Begegnung mit Christus ist. Thielicke stimmt Bultmann insofern zu, dass der "Auferstehungsglaube nicht etwa dadurch entsteht, daß einfach der historische Bericht der Auferstehung als ausreichende Basis zitiert wird" [129]. Thielicke und Bultmann grenzen sich hierbei klar von der dogmatischen Orthodoxie ab, die gerade die historischen Berichte als ausreichende Basis zitiert.

Bultmann versucht nun die Auferstehung durch Begegnung autorisieren zu können . Die Auferstehung ist das Ergebnis der Begegnung zwischen den Jüngern und Jesus.

Thielicke schliesst sich dieser Auffassung der Auferstehung als "bloßes Produkt einer Begegnung" [130] nicht an. Er sieht in der Auferstehung nicht das Ergebnis einer Begegnung, sondern die "Ursache einer Begegnung mit Christus" [131]. Das bedeutet, dass die Auferstehung für Thielicke erst eine "echte" Begegnung mit Christus möglich macht. Erst durch die Auferstehung ist die Person Jesu, sein Handeln und Wirken in der Verkündigung zu verstehen. Das wiederum hat zur Folge, dass die Verkündigung Jesu ohne die Auferstehung nicht vollständig zu verstehen ist, "ein unentschlüsseltes Geheimnis und ein letztlich sinnloses Fragment" [132] wäre.

Der Schluss ist für Thielicke damit ganz deutlich: Erst durch die Auferstehung kann man das von Jesus berichtete anders lesen. Er verdeutlicht das auch an Hand des AT's, das ohne Christus-Tatsache anders als mit der Christus-Tatsache gelesen wird. Wer von der Christus-Tatsache nicht weiss, der kann ihn im AT nicht erkennen; wer aber von der Tatsache weiss, dem ist es möglich das AT anders zu lesen.

Entscheidend dabei ist aber, dass die Christus-Tatsache bzw. die Auferstehung nicht als Postulat verstanden werden, sondern dass beide Tatsachen das Vorangegangene überbieten. Dies geschieht "ohne Einschaltung meiner produzierenden Subjektivität" [133].

Fazit: Die Auferstehung ist die Tatsache, durch die es erst zu einer Begegnung mit Christus kommt. Die Auferstehung ist nicht das Produkt einer Begegnung mit Christus, denn

[129] H. Thielicke, "Die Frage der Entmythologisierung", Seite 172, Zeile 6 ff.
[130] H. Thielicke, "Die Frage der Entmythologisierung", Seite 172, Zeile 22 f.
[131] H. Thielicke, "Die Frage der Entmythologisierung", Seite 172, Zeile 29.
[132] H. Thielicke, "Die Frage der Entmythologisierung", Seite 172, Zeile 19 f.
[133] H. Thielicke, "Die Frage der Entmythologisierung", Seite 172, Zeile 38 f.

wenn sie “nur” das Produkt wäre, dann wäre sie “ein einfacher mythologischer Niederschlag jener Begegnung” [134] und kein geschichtliches Faktum.

3.3.2 Die Konsequenzen: Eliminierung des Geschichtlichen

Thielicke hat bis hierher verdeutlicht, daß Bultmann der Christustatsache den geschichtlichen Boden nimmt. Das wurde an seiner Auseinandersetzung mit der Auferstehung besonders deutlich; das Ereignis der Auferstehung verschwand zu Gunsten des Ereignisses der Begegnung mit Christus. Das hatte dann zur Folge, dass die Subjektivität eingeschaltet, alle Argumente auf das Bewusstsein gedrängt wurden und die Philosophie übermächtig wurde.
Eine weitere Konsequenz, die sich aus Bultmanns Interesse an der Scheidung zwischen Kerygma und Mythos ergibt, ist nach Thielicke die “beängstigende Eliminierung des Geschichtlichen” [135]. Das bedeutet, dass “Kreuz und Auferstehung zu gegenwärtigen Phänomenen werden, ja man kann geradezu sagen: zu Momenten meines Selbstverständnisses” [136]. Kreuz und Auferstehung werden Ereignisse, die dann stets Gegenwart sind. Die Gegenwart besteht für Bultmann in zwei Formen:

1. in den Sakramenten und
2. im konkreten Lebensvollzug.

Thielicke sieht die Gegenwart im Gegensatz dazu im Sinne von Gleichzeitigkeit. “ Die 'Gegenwart' von Kreuz und Auferstehung existiert nur als 'Gleichzeitigkeit'” [137].
Indem sich der Mensch auf das Geschichtliche (Kreuz und Auferstehung) bezieht, wird es ihm gleichzeitig. Der Mensch wird ihr gleichzeitig, nicht aber gegenwärtig, wie bei Bultmann. Das bedeutet nun, dass die Heilsgeschichte in der Gegenwart stattfindet.
Um nun an dem Ereignis und Zeitcharakter festhalten zu können, scheint Bultmann nun ein zeitloses Gelten zu machen. “Muß er, da er es nicht zu können scheint, deshalb aus der 'Gleichzeitigkeit' nicht wieder ein 'zeitloses' Gelten innerhalb meines Selbstverständnisses machen?” [138]. Er macht also aus dem Ereignis ein eschatologisches Ereignis, damit es zeitlos wird.
Fazit für Thielicke ist, nachdem er den Versuch Bultmanns untersucht hat, dass eine Scheidelinie zwischen zeitbedingten Mythen und dem Kern der Botschaft gefunden werden muss. Eine Scheidelinie zwischen göttlichen und menschlichen ist als eine prinzipielle Scheidelinie jedoch nicht möglich, da die Fleischwerdung die Grenze durchbricht.

---

[134] H. Thielicke, “Die Frage der Entmythologisierung”, Seite 172, Zeile 23.
[135] H. Thielicke, “Die Frage der Entmythologisierung”, Seite 173, Zeile 36.
[136] H. Thielicke, “Die Frage der Entmythologisierung”, Seite 173, Zeile 37 ff.
[137] H. Thielicke, “Die Frage der Entmythologisierung”, Seite 174, Zeile 2 f.

Diese Fleischwerdung, der "Gottmensch" ist eine gottgewollte Grenze, bei der nicht mehr nachgefragt werden darf. Für Bultmann gibt es die Grenze nicht, da der "Gottmensch" ein Produkt des Mythos ist.

3.4 Thielickes Lösungsversuch

3.4.1 Das mythologische als Denkform

Der Lösungsversuch Thielickes hebt sich von Bultmanns Entmythologisierung erheblich ab, wobei Thielicke an dieser Stelle noch einmal betont, dass er nicht die Absicht Bultmann, die Unterscheidung "zwischen der mythisch zeitgebundenen Form der neutestamentlichen Berichte und dem faktisch geschichtlichen Gehalt" [139] kritisiert, sondern das "methodische Prinzip seiner Verwirklichung" [140]. Die Konsequenzen, die sich nach Thielickes Auffassung ergeben haben waren, dass das Kerygma in Philosophie "abglitt" und "das geschichtliche 'Sein' der Wahrheit in ein zeitgebundenes 'Gelten' umgewandelt" [141] wurde.
Bultmann sah dabei das Mythologische der neutestamentlichen Berichte direkt an der Botschaft anhaften. Thielicke stellt nun die für seinen Lösungsversuch entscheidende Frage, "ob und in wieweit das Mythologische weniger den neutestamentlichen Berichten nach ihrer objektiven Seite als vielmehr unserer subjektiven Art, religiöse Gegenstände wahrzunehmen und zu beschreiben, anhafte " [142]. Wenn die Mythologie aber eine Denkform ist, dann wird deutlich, dass wir diese nicht ablegen können. Können wir diese Denkweise entmythologisieren? Festzuhalten ist auf jeden Fall: Der Schwerpunkt verlagert sich vom Objekt, der neutestamentlichen Botschaft, auf das Subjekt.
Thielicke konstatiert nun: "Dann aber könnte das Mythologische nicht durch wissenschaftliches Denken oder durch ein wissenschaftliches Weltbild abgelöst werden, sondern es behielte inmitten aller geistesgeschichtlichen und weltbildlichen Entwicklungen seine Gültigkeit" [143].
Der Kontrast zu Bultmann wird sofort deutlich. Bultmann versucht das mythologische durch das wissenschaftliche Denken bzw. Weltbild als ein Nacheinander zu sehen und das Mythologische abzulösen. Wenn Thielicke davon ausgeht, dass es nun nicht ablösbar sein,

---

[138] H. Thielicke, "Die Frage der Entmythologisierung", Seite 174, Zeile 8-11.
[139] H. Thielicke, "Die Frage der Entmythologisierung", Seite 175, Zeile 10 f.
[140] H. Thielicke, "Die Frage der Entmythologisierung", Seite 175, Zeile 13.
[141] H. Thielicke, "Die Frage der Entmythologisierung", Seite 175, Zeile 17 f.
[142] H. Thielicke, "Die Frage der Entmythologisierung", Seite 175, Zeile 21-23.
[143] H. Thielicke, "Die Frage der Entmythologisierung", Seite 176, Zeile 11-14.

dann stellt sich die Frage, wie er beide Denkformen nebeneinander stellen kann. Die Lösung, die sich für ihn anbietet besteht darin, dass er beide Denkformen aufeinander bezieht. Wie ist es möglich zwei Denkformen aufeinander zu beziehen? Um mit Thielicke zu sprechen ist das durch die Unterschiedlichkeit der Denkformen zu bewerkstelligen; die wissenschaftliche Denkform fragt "nach dem Sinngehalt der Dinge und Ereignisse" [144], die mythische Denkform hingegen hat eine Tiefendimension. In ihr kann "Übersinnliches allein ausgesprochen und die Innenseite der Dinge allein zum Ausdruck gebracht werden" [145]. Besonders deutlich wird diese Tiefendimension anhand der Darstellung des mythischen Denkens von Bachofen, auf das Thielicke zur Verdeutlichung eingeht.

Das Fazit für Thielicke lautet aus dieser Darstellung heraus, dass ein Übertrag von mythologisch umschriebenen Inhalten in der wissenschaftlichen Rationalität automatisch zu einer Verarmung führt [146].

Welchen "Realitätsrang" hat nun aber die mythisch umschriebene Wirklichkeit? [147] Daß sie kein Existenzerlebnis, sondern eine geschichtliche Offenbarung ist, ist für Thielicke ganz deutlich. Wenn es sich aber um eine Offenbarung handelt, dann stellt sich eine erneute Frage: Wodurch unterscheidet sich die Auferstehungsgeschichte von den Mythen?

Thielicke geht dabei auf die Definition des biblischen Mythos von Alfred Jeremias zurück; danach ist der biblische Mythos eine "Erzählung eines himmlischen Vorgangs, der in einer bestimmt logischen Reihe von Motiven abläuft und sich bildhaft im wirklichen Geschehen widerspiegelt" [148]. Das bedeutet: Ein himmlisches Geschehen findet real statt und liegt dem mythischen Bericht als Basis vor; damit beschreibt der Mythos etwas, was bewusstseinstranszendent ist, aber gleichzeitig seine Realität behält.

Für Bultmann grenzt sich der biblische Mythos insofern von anderen Mythen ab, dass sich in ihm historisches und mythisches verschlungen haben [149]. Für Rudolf Bultmann findet dabei ein "Geschehen Gottes durch Christus" [150] statt. Der Vorwurf an ihn ist dabei , dass er dieses "Transzendierende nicht in sich begreift" [151]. Dieses Transzendierende begreifen zu können ist nun die Aufgabe die sich stellt.

---

[144] H. Thielicke, "Die Frage der Entmythologisierung", Seite 176, Zeile 25.

[145] H. Thielicke, "Die Frage der Entmythologisierung", Seite 176, Zeile 21 ff.

[146] Die Ablehnung des Bultmannschen Vorgehens wird auch hier bei dem Stichwort der "Verarmung" sofort spürbar, da Bultmanns Vorgehen auf einen Übertrag dessen nicht verzichtet.

[147] Mit diesem Realitätsrang setzt sich Thielicke bereits auf Seite 167 seines Aufsatzes auseinander; vergleiche dazu Seite 29 der Hausarbeit.

[148] H. Thielicke, "Die Frage der Entmythologisierung", Seite 177, Zeile 27 ff.

[149] vergleiche dazu Bultmann: Das Christusgeschehen, Seite 40 ff., vgl. 2.7.4, Seite 20 f. meiner Arbeit

[150] H. Thielicke, "Die Frage der Entmythologisierung", Seite 178, Zeile 6 ff.

[151] H. Thielicke, "Die Frage der Entmythologisierung", Seite 178, Zeile 1.

Fazit: Das Mythologische ist als eine Denkform zu betrachten, die nicht durch die wissenschaftliche Denkform abzulösen ist. Da das Mythologische zu einer Denkform gehört, ist es möglich, dass hinter der mythologischen Erscheinung ein Geschehenskern liegt.

Der Mythos ist als Konsequenz, da sind sich Bultmann und Thielicke einig, zu interpretieren. Das bedeutet zugleich, dass sich Thielicke tatsächlich dem Ausschluss der Möglichkeiten der Subtraktion und Sublimierung anschliesst[152].

Der entscheidende Unterschied liegt darin, woraufhin Thielicke den Mythos interpretiert. Er interpretiert ihn nicht wie Bultmann auf das Selbstverständnis hin, sondern auf das reale, heilsgeschichtliche Geschehen hin.

Um dieses jedoch tun zu können, hat er einige Aufgaben zu lösen.

3.4.2 Aufgaben

Um das Mythische interpretieren zu können, stellt sich zunächst die Frage nach dem Verhältnis von Mythos und Geschichte.

Es wird schnell verständlich, was Thielicke darunter versteht. In den neutestamentlichen Berichten treten unterschiedlichste Formen auf, die zu unterscheiden sind. So treten Mythen in Erscheinung, "die schlechthin unablösbare Ausdrucksformen transzendenter Inhalte sind"[153], legendäre Ausschmückungen, bildliche Verdeutlichungen von geschichtlichen Tatbeständen und direkte geschichtliche Berichte. Um eine sinnvolle Interpretation zu erreichen, ist daher eine Unterscheidung dieser Erscheinungsformen unumgänglich.

Das bedeutet praktisch, dass der Theologe/Leser eine Scheidung zu unternehmen beginnt, bei der sich bereits Mythen von Bildern und Berichten trennen. Ist dann diese Trennung vollzogen, die Schwierigkeit einen consensus communis dabei zu erhalten sei nur am Rande erwähnt, ergibt sich die nächste Hürde, der man sich zu stellen hat.

Die Mythen sind nun "herausgefiltert"; ist es da nicht möglich die Mythen in moderne, dem Weltbild entsprechende Mythen umzuwandeln? Thielicke spricht in diesem Zusammenhang von einer " Um-Mythologisierung"[154], lehnt diese aber aus folgenden drei Gründen ab:

1. es stellt sich die Frage, wer die Vollmacht dazu hätte, die Heilige Schrift umzuschreiben,
2. die heutigen Mythen sind in ihrer Form unsachgemäss und
3. die säkulare Mythologie ist aus dem Aufstand geboren.

---

[152] vergleiche Hausarbeit 3.1, Seite 26: "ob er sich diesen Gedanken wirklich anschliesst .... wird zu prüfen sein"

[153] H. Thielicke, "Die Frage der Entmythologisierung", Seite 179, Zeile 3 f.

[154] H. Thielicke, "Die Frage der Entmythologisierung", Seite 179, Zeile 28.

Fazit: Das Programm der Entmythologisierung ist aus den geschilderten Konsequenzen nicht möglich. Das beinhaltet, dass sich kein mythos - freier Wahrheitskern finden lässt und dass das Mythologische und seine Zeitgebundenheit hinzunehmen ist. Auch eine Um - Mythologisierung ist nicht durchführbar.

3.4.3 Wie gestaltet sich der Umgang?

Wenn sich kein mythos-freier Wahrheitskern finden lässt, die eine Wahrheit, um mit Bultmann zu sprechen, und das Mythologische mit seiner Zeitgebundenheit hinzunehmen ist, dann stellt sich fast automatisch die Frage, ob die biblische Offenbarung nur mit dem "veralteten" Weltbild zu verstehen ist. Wenn es so ist, dass man nur mit dem alten Weltbild die biblische Offenbarung verstehen kann, dann rückt sofort die Argumentation Bultmanns in den Hinterkopf, der deutlich, dass man das als moderner Mensch nicht machen kann [155]. Gibt es also eine andere Möglichkeit? Für Thielicke gibt es eine Möglichkeit, in dem er nach dem theologischen Sinn fragt. Der Theologe, so Thielicke in seinen Ausführungen weiter, wird im Mythos, auch im heidnischen, eine reale Geschichte mit Gott sehen müssen. Dieser mythologische Rahmen biblischer Berichte kann nicht weltbildlich korrigiert werden, ist aber der Rahmen, der für das Offenbarungsgeschehen gewählt ist. Thielicke drückt die Wahl mit dem Bild der Krippe aus "Wir haben die mythologische Denkform als eine Krippe zu ehren, in welcher der Herr ruhen wollte..." [156]. Er verweist darauf, dass diese Denkform doch nicht als Hypothek zu negativ gesehen werden sollte, sondern so, dass sie einen positiven Sinn innerhalb der Verkündigung hat. Diesen Sinn sieht Thielicke darin, dass der damalige Mythos eine Offenheit in eine Transzendenz hinein besitzt. Aus diesem Grund ist der Mythos besonders gut geeignet, Gottes Jenseitigkeit und Gottes heilsgeschichtliches Handeln und Eingreifen zu verdeutlichen.

Für die Verkündigung und das ist entscheidend für Thielicke, kommt es nun darauf an, dass der Realitätsgrund, der hinter der mythischen Hülle "steht", sichtbar zu machen ist. Mit Thielickes Worten gesprochen "Diese heilsgeschichtliche Faktizität muß der Entscheidende scopus der Verkündigung in allen mythologisch geschauten Berichten sein" [157]. Das dieses in unmythologischer Sprache zu vollziehen ist, setzt Thielicke als selbstverständlich voraus.

---

[155] Vergleich dazu: Hausarbeit, 2.2: Die Repristinierung des mythischen Weltbildes, Seite 4.
[156] H. Thielicke, "Die Frage der Entmythologisierung", Seite 183, Zeile 10 f.
[157] H. Thielicke, "Die Frage der Entmythologisierung", Seite 188, Zeile 1 f.

4. Stellungnahme

Der Aufsatz “Neues Testament und Mythologie” von Rudolf Bultmann ist eine Arbeit, die für Aufsehen gesorgt hat.

Geht man nun der Frage nach, ob dieses Aufsehen “nur” an dem Inhalt des Aufsatzes lag oder auch an der Art und Weise, wie Bultmann seine Gedanken ausgedrückt und formuliert hat dann kommt man nach meiner Einschätzung zu dem Ergebnis, dass schon eine Wurzel der Empörung in der Art des Aufbaus und eine andere in der berechtigten Kritik liegt. Dafür kann ursächlich angesehen werden, dass Bultmann sich mit einem roten Faden sukzessive seinem Programm der Entmythologisierung nähert. Um diese Annäherung darzustellen ist es notwendig, sich den Aufbau der Arbeit noch einmal vor Augen zu führen: Bultmann beginnt mit dem mythischen Weltbild, dass das Weltbild des Neuen Testamentes ist und verdeutlicht damit zugleich, dass damit automatisch das Heilsgeschehen in einem mythischen Rahmen steht. Im Anschluss daran stellt Bultmann den Hörer, bzw. Leser vor die rhetorische Frage: Kann der moderne Mensch ein vergangenes Weltbild übernehmen, auch dann, wenn er dieses längst “überwunden” hat? Die Antwort darauf muss unweigerlich eine negative sein. Das hätte jedoch zur Konsequenz, dass das NT dem modernen Menschen nichts mehr zu sagen hätte; folglich leitet Bultmann auf eine mögliche Wahrheit über, die im NT enthalten sein könnte. Hier wird durch Bultmanns Vorgehen schon deutlich, dass das gesamte “Programm auf einer Schiene läuft”: Das Weltbild anzunehmen ist nicht möglich, eine Wahrheit zu entdecken aber sehr wohl machbar.

Der erste Schritt ist damit vollzogen, ein Schritt, dem sich eigentlich keiner entziehen kann. In einem zweiten Schritt verdeutlicht er dann, dass der modernen Mensch ein anderes Selbstverständnis hat, als der Mensch des NT; daraus ergibt sich erneut die Folge, dass der moderne Mensch Verstehensprobleme hat, die sich beispielsweise auf Geist und Auferstehung beziehen. Die Schlussfolgerung Bultmanns ist darum auch ganz verständlich, wenn er sagt, dass die mythologischen Begriffe, bzw. Elemente (unverständliche Teile) erklärt werden müssen. Wie das dann geschehen soll, zeigt Bultmann in seinem dritten Schritt, in dem er verdeutlicht, dass sich im Mythos Existenzverständnisse ausdrücken. Diese will er dann im Zuge seiner Entmythologisierung herausarbeiten; für ihn heisst das, dass eine existenziale Interpretation unausweichlich ist.

Die Forderungen Bultmanns, sein Bestreben, ist mir durch den vorgegebenen Aufbau seines Aufsatzes verständlich, dennoch habe ich, gerade nach dem Aufsatz “Die Frage der Entmythologisierung des Neuen Testaments” von Thielicke, auf den ich noch näher eingehen werde, einige Kritikpunkte:

- Bultmann hat in seinem Aufsatz verdeutlicht, das man die Verkündigung des NT's nicht durch Abstriche oder Auswahl des Mythologischen retten kann [158]. Das bedeutet nach meinem Verständnis, dass der Leser/Interpret alle, und das möchte ich besonders hervorheben, mythischen Aussagen beachten muss. Wenn ich mich diesem Gedanken anschliesse, dann stellt sich für mich die Frage, wie Bultmann zu folgender Aussage kommen kann: "Es soll damit freilich nicht behauptet werden, daß es nicht auch kritisch zu eliminierende Mythologeme geben könnte; nur müßte dann das Kriterium nicht aus der modernen Weltanschauung, sondern aus dem Existenzverständnis des Neuen Testaments selber erhoben werden" [159]. Ist damit eine Eliminierung (eine Auswahl unter besonderen Kriterien) doch möglich? Leider geht Bultmann diesem Gedanken in seinem Aufsatz nicht weiter nach, sondern er geht direkt zu seinem Programm über. Kritisch ist für mich an dieser Stelle zu bemerken, dass hier Fragen zwar aufgeworfen, aber nicht aufgenommen werden.
- Im Programm der Entmythologisierung liegen nun aber die eigentlichen Kritikpunkte, bei denen ich unweigerlich auf den Aufsatz von Thielicke Bezug nehmen muss. Thielicke bezeichnet die Lösung Bultmanns in einem Gespräch mit Meinhold Krauss als "fragwürdig"[160] und macht sofort seinen Standpunkt deutlich. "Darüber kann man sehr polemisch reden, und das habe ich auf meine Weise auch versucht. Aber selbst wenn man entscheidende Thesen ablehnt, muß man zugeben, daß die Fragestellungen überzeitlich wichtig sind" [161].

Mit diesem Zitat ist meines Erachtens schon alles ausgedrückt, was Thielicke in seinem Aufsatz beschreibt. Er würdigt in seinem Aufsatz Bultmann und dessen konsequentes Vorgehen, warnt jedoch immer wieder vor den daraus resultierenden Folgen und betont dabei die Notwendigkeit und Bedeutsamkeit des bultmannschen Unternehmens.
Den Darstellungen der Konsequenzen kann ich mich nur Thielicke anschliessen, was jedoch nicht heissen soll, dass ich den bultmannschen Ansatz einfach übergehen möchte. Ich finde es sehr wertvoll sich mit dem Programm der Entmythologisierung von Bultmann auseinander zu setzten. Besonders wertvoll dabei war für mich die Erfahrung, dass ich Bultmann zunächst ständig zustimmen musste. Er schaffte es in seinem Aufsatz, mich als Leser in seinem Gedankengang so gefangen zu nehmen, dass ich zunächst zustimmen musste. Bei einer

[158] vergl. dazu: Bultmann, "Neues Testament und Mythologie", Seite 21, Zeile 18 f.
[159] Bultmann, "Neues Testament und Mythologie", Seite 24, Zeile 16-19.
[160] Helmut Thielicke im Gespräch mit Meinhold Krauss, Seite 36, Zeile 15.
[161] Helmut Thielicke im Gespräch mit Meinhold Krauss, Seite 36, Zeile 15-18.

erneuten Reflexion des Programmes wurden mir erst die folgenschweren Konsequenzen deutlich, die sich in der Eliminierung der Heilsgeschichte und der Philosophiewerdung der Theologie niederschlagen. So komme ich abschliessend zu dem persönlichen Fazit, dass die Entmythologisierung / existentiale Interpretation, nicht die Lösung ist, mit der ich den mythischen Aussagen im NT begegnen kann.

In wieweit ist nun aber der von Thielicke vorgetragene Lösungsversuch akzeptabel? Im Gegensatz zu Bultmann wird das Mythologische hier als eine Denkform angesehen. Wie ist nun aber der konkrete Umgang mit dieser Denkform zu vollziehen? Meiner Meinung nach gibt Thielicke nur eine scheinbare, nicht wirkliche Lösung vor, in dem er sagt, dass der Mythos als eine reale Geschichte mit Gott gesehen werden müsse und gleichzeitig der Mythos in Kauf zu nehmen ist, in seiner Art als solches und seiner Zeitgebundenheit.

In der Unterscheidung zwischen Mythen, die unablösbare Ausdrucksformen transzendenter Inhalte sind und legendären Ausschmückungen, bzw. die Unterscheidung von bildhafter Verdeutlichung und direktem Bericht stimme ich Thielicke zu; auch ich halte sie wie er für unumgänglich.

Die Flucht Thielickes in die Frage nach dem Sinn, den Mythen haben können, halte ich jedoch für einen gefährlichen Weg; gefährlich insofern, dass er (der Sinn) "lediglich" eine Offenheit in die Transzendenz bietet.

Diese Offenheit soll eine totale Schau ermöglichen, die im Blick auf die heilsgeschichtliche Faktizität gerichtet ist.

Obwohl ich mich sehr intensiv mit dem Aufsatz von Thielicke befasst habe, ist es mir nicht gelungen, eine wirkliche Antwort auf meine sich stellenden Fragen zu finden.

So ist für mich die Frage nach dem, was "wahr" und "zeitgebunden" ist nicht wirklich beantwortet; ebenso stellt sich die Frage ob nach der Öffnung in eine totale Schau, auch wenn der Blick auf die heilsgeschichtliche Faktizität gerichtet ist, nicht Tor und Tür für eine unsachgemässe Interpretation von mythologisch erkannten Berichten geöffnet werden.

5. Literaturverzeichnis

- Althaus Paul, "Die christliche Wahrheit – Lehrbuch der Dogmatik", Band 1, Bertelsmann Verlag, Gütersloh, 1947, Seite 208-209
- Bultmann Rudolf, "*Neues Testament und Mythologie*" in Kerygma und Mythos I, Hrsg. Hans Bartsch, Herbert Reich Verlag, 5. Auflage, Hamburg, 1967, Seite 15-48
- Bultmann Rudolf, "Exegetica", Aufsätze zur Erforschung des Neuen Testaments, Hrsg. Erich Dinkler, J.C.B. Mohr Verlag, Tübingen, 1967, Seite 445-469
- Bultmann Rudolf, "Glauben und Verstehen – Gesammelte Aufsätze", Band 4, UTB, 5. Auflage, Stuttgart, 1993, Seite 128-137
- Bultmann Rudolf, "Zum Problem der Entmythologisierung", in Kerygma und Mythos VI-1-Entmythologisierung und existentiale Interpretation, Hrsg. Hans Bartsch, Herbert Reich Verlag, Hamburg, 1963, Seite 20-27
- Gogarten Friedrich, "Entmythologisierung und Kirche", Friedrich Vorwerk Verlag, 3. Auflage, Stuttgart, 1953, Seite 53-110
- Krauss Meinold, "*Helmut Thielicke im Gespräch mit Meinold Krauss*", J.F. Steinkopf Verlag, Stuttgart, 1988, Seite 7-11 und Seite 34-36
- Lexikon für Theologie und Kirche, Band 2, Herder Verlag, 3. Auflage, Freiburg /Brsg., 1994, Spalte 779-780
- Schmithals Walter, "Die Theologie Rudolf Bultmanns", J.C.B. Mohr Verlag, Tübingen, 1966, Seite 254-277
- Thielicke Helmut, "*Die Frage der Entmythologisierung* des Neuen Testaments" in Kerygma und Mythos I, Hrsg. Hans Bartsch, Herbert Reich Verlag, 5. Auflage, Hamburg, 1967, Seite 159-189
- Vonessen Franz, "Mythos und Wahrheit" – Bultmanns Entmytholigisierung und die Philosophie der Mythologie, Vittorio Klostermann Verlag, 2. erweiterte Auflage, Frankfurt/M., 1972, Seite 16-37 und Seite 71-73
- Warnke Christof, "Die Bibel ist nicht vom Himmel gefallen – 55 Theologische Informationen", J. F. Steinkopf Verlag, 5. Auflage, Stuttgart, 1992, Seite 62
- Zahrnt Heinz, "Die Sache mit Gott – Die protestantische Theologie im 20. Jahrhundert", Piper & Co. Verlag, 1966, Seite 278-325

Lightning Source UK Ltd.
Milton Keynes UK
UKHW010403180223
417189UK00004B/262